AF312188

# STATUTS,
## ORDONNANCES
### ET REGLEMENS

Du Corps des Marchands Merciers, Grossiers,
Joüailliers de cette Ville de Paris.

Accordés par les Rois Charles VI. Charles IX.
Henry IV. Loüis XIII. & Loüis XIV.

*Imprimez de nouveau par l'ordre des Sieurs* PIERRE PRESTY,
*Grand Garde,* JEAN FRANÇOIS SAUTREAU, ANDRÉ-SIMON
LEVESQUE, REMY LE GRIN, JEAN DE LA VERGNE, GUILLAUME
SCOURJON, ET CHARLES DEROSNEL, *Gardes en Charge.*

Avec plusieurs Arrests rendus en consequence desdits Statuts
& Ordonnances.

## A PARIS,

### M. DC. XCIV.

# ORDONNANCE DU ROY
# CHARLES VI.

Servant de Statut aux Marchands Merciers, Groſſiers, Joüailliers de cette ville de Paris.

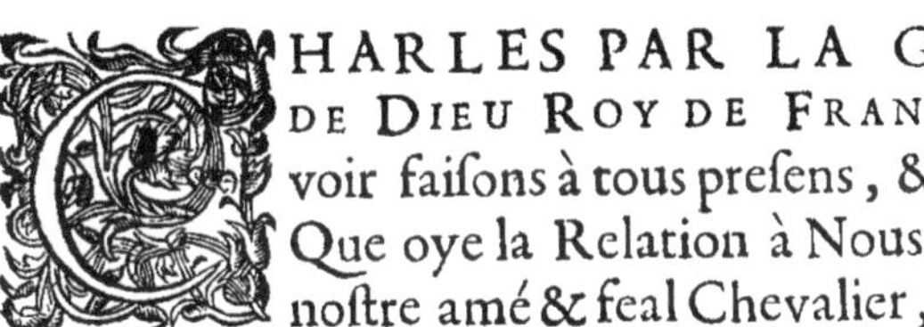

HARLES PAR LA GRACE DE DIEU ROY DE FRANCE; ſçavoir faiſons à tous preſens, & à venir: Que oye la Relation à Nous faite par noſtre amé & feal Chevalier, Conſeiller & Chambellan, Guillaume Seigneur de Tignonville, Prevoſt de Paris pour Nous, diſant que n'agueres par grave & meure deliberation de Conſeil, & pour le bien & utilité de Nous, de la choſe publique & de la marchandiſe de Mercerie, exercitée en noſtre bonne ville de Paris, il avoit & a faits certains Statuts & Ordonnances ſur le fait de ladite marchandiſe, en la forme & maniere contenuës en ſes lettres Patentes, contenans la forme qui enſuit.

A Tous ceux qui ces préſentes lettres verront, Guillaume Seigneur de Tignonville, Chevalier, Conſeiller, Chambellan du Roy nôtre Sire, & Garde de la Prevôté de Paris, Salut. Sçavoir faiſons, que pour & afin de pourvoir à la griéve complainte, dés long-temps & par iteratives fois à Nous faite par les Marchands & Marchandes de Mercerie, demeurans & frequentans en la bonne ville de Paris, en ce que iceux Marchands & Marchandes, diſoient & dient, que ledit mêtier, & marchandiſe, qui eſt un des plus grands fais de marchandiſe qui ſoit en ladite Ville, étoient moult diverſifiez, muez & changez, enſemble l'exercice & gouvernement d'iceux : & que en iceluy étoient de jour en jour, & dés long-temps y a, avoient été commiſes pluſieurs grandes deceptions, fraudes & mauvaiſtiez, tant par Marchands forains & oultremontains, comme autres, par faute de bonne reformation & deuë proviſion, & qu'il étoit de neceſſité au moins étoit tres-expedient, que les anciens Statuts & Ordonnances faits ſur ledit mêtier & marchandiſe, & leurs appartenances fuſſent par Nous recolez, & en aucuns points muez, corrigez, interpretez & plus amplement declarez, en aucuns autres augmentez, & en autres diminuez. Et en outre étoit tres-expedient que à tous iceux autres articles & Statuts fuſſent ajoûtez aucuns autres points & articles aviſez par Nous & les Conſeillers du Roy, ou Châtelet de Paris, en la presence & par l'avis de la plus grande & seine partie des notables Merciers demeurans en ladite Ville cy-dessous nommez. C'est à sçavoir de Jean Guerin, Droüet Midoulx, Guiot le Voyer, Jacques Massecher, Gillet Carré, Jean Comptant, Charles Becquet, Jean de Saint Martin, Jean Lormier, Guillaume Granchier, Simon Poulart, Jean Pillot, Phlipot Potier, Perrin Tronçon, Simon Tartarin, Guillemin le Dampnois, Robin le Vasseur, Guillaume Godin, Denisot Godin, Jean de Montfort, Robin Louvet, Robin Salé, Gassot le Bossu, Remondin Chevalier, Pierre du Han, & Thomas le Poix. Tous Merciers, & Marchands d'icelle marchandise à Paris. Car autrement en ladite ville de Paris qui doit être vray miroüer & exemple en bonne police, à toutes les autres bonnes Villes du Royaume de France, mesmement en fait de marchandise, seroient en brief temps commises plus de fraudes, deceptions & mauvaistiez audit fait & marchandise de Mercerie, qu'en aucun autre fait de marchandise qui fût demené, ou exercité en icelle, dont inconveniens irreparables se pourroient ensuivir. Nous pour ce à la relation & par l'avis des Avocats & Procureur dudit Seigneur audit Châtelet de Paris, de autres sages, & desdits Merciers, pour ce que dit est, assemblez pardevant Nous audit Châtelet, par plusieurs & diverses fois & journées, En corrigeant, & ajoûtant à iceux anciens Registres & Statuts faits

A iij

fur ledit métier & marchandife, & leurs appartenances, pour le bien & utilité du Roy, de Juftice &
de la chofe publique : Et pour reformer le fait de ladite Mercerie de Paris de bien en mieux : Avons faits
les nouveaux Statuts, Points & Ordonnances qui
s'enfuivent.

Premierement, que tous Marchands tant forains
comme autres demeurans à Paris, qui s'entremettront dorénavant de la marchandife de Mercerie à
Paris, feront tenus de vendre denrées, & marchandifes de Mercerie, bonnes, loyales & marchandes,
felon les pays où elles feront & auront été faites,
fur peine de perdre icelles denrées, qui ne feront trouvées telles, & d'amende arbitraire, de laquelle amende le Roy aura la moitié, & les Jurez & Gardes de
la marchandife, l'autre.

Item, que tous Marchands Merciers quelsconques
defdites denrées de Mercerie, feront tenus avoüer
leurs denrées, marchandifes de Mercerie, qu'ils
auront ou envoyeront en ladite ville de Paris pour
vendre. C'eft à fçavoir qu'elles feront des Villes, lieux
& pays, où icelles denrées auront été faites, & non
d'autre part, fur peine de cent fols parifis d'amende,
à appliquer moitié audit Seigneur, & l'autre moitié
aufdits Jurez.

Item, que tous Marchands étrangers quelsconques,
faifant fait de marchandife de Mercerie, feront dorénavant tenus montrer, & exhiber aux
Jurez & Gardes de ladite marchandife à Paris, leurs

denrées & marchandiſes de Mercerie, qu'ils auront
envoyé, ou amené pour vendre illec, pour voir
& aviſer ſe icelles denrées ſeront bonnes, loyales
& marchandes, avant ce que ils les puiſſent vendre, ne expoſer, ou faire expoſer en vente. Et qui
ſera trouvé faiſant le contraire, il payera deux ſols
pariſis pour livre de toute marchandiſe qu'il aura
ainſi expoſée en vente, à appliquer : C'eſt à ſçavoir moitié au Roy & moitié auſdits Maîtres : Et
ſe la marchandiſe n'eſt ſuffiſant, la vente luy ſera
défenduë en la Ville & Vicomté de Paris, ſur peine d'être acquiſe au Roy, & d'en étre autrement
ordonné, ſelon la diſcretion de Nous, & de nos
Succeſſeurs.

Item, que tous Marchands Merciers qui voudront dorénavant vendre, ou faire vendre denrées & marchandiſes de Mercerie à Paris, ſeront tenus vendre, ou faire vendre icelles denrées & marchandiſes en la maniere qui s'enſuit. C'eſt à ſçavoir,
Boucaſſins, Fûtaines, Bouguerans, Draps de borde, de quelque ſorte que ce ſoit ſous corde en balles,
ainſi comme ils viendront du pays. Et que les Fûtaines, Boucaſſins & bordes, ſoient des longueurs qui
s'enſuivent. C'eſt à ſçavoir Fûtaines courtes de
douze aulnes de Paris, largement chacune piece, &
les Boucaſſins, Fûtaines, doubles Fûtaines rezes,
Fûtaines rayées, bordes doubles, & ſangles, Fûtaines de guerde, Boucaſſins de guerde, chacune
piece tenant vingt-quatre aulnes largement à la

mesure de Paris, & des largeurs anciennement accoûtumées, & pareillement une goume d'aiguilles,
la mendre de six milliers & toute d'une forte, & au
deſſus ſi grande comme ils voudront : Et auſſi une
groſſe de ſonnettes, qui fait un ſac de douze douzaines, & non point à moins; & qui ſera trouvé faiſant le contraire, il payera pour chacune fois quatre
livres pariſis d'amende, moitié au Roy, & moitié
auſdits Maîtres : Et ſeront les denrées qui ne ſeront
des longueurs & largeurs deſſuſdites, eſſorillées, pour
être connuës. Et ſi ſeront tenus les vendeurs de
declarer aux Marchands acheteurs, les longueurs
que icelles denrées auront, ſur peine de perdre icelles denrées.

Item, tous Marchands quelsconques, repairans
& habitans en la ville de Paris, & autres Marchands demeurans hors de la ville de Paris, qui
s'entremettront de vendre, & faire vendre à Paris,
or & argent filé fait à Gennes, que l'on appelle or
& argent de Chippre, qui ſe vend en cannettes :
Seront tenus de vendre iceluy or & argent, entreſuivant : Et au tel deſſous comme deſſus, ſur peine
de quarante ſols pariſis d'amende, à appliquer moitié audit Seigneur, & moitié auſdits Maîtres,
pour chacune fois qu'ils ſeront trouvez défaillans
en ce : Et ſi ſera l'or & l'argent qui ſera ainſi trouvé
non entreſuivant, & fardé, forfait, & acquis au
Roy.

Item, que tous Marchands quelsconques demeurans

meurans hors la Ville de Paris, qui s'entremettent de vendre & faire vendre à Paris les denrées & marchandifes appartenant à la Mercerie, dont cy-aprés eft faite mention, feront tenus dorénavant de vendre icelles denrées en la maniere qui s'enfuit. C'eft à fçavoir, Fûtaines qui fe font en Allemagne, Toilles teintes d'Allemagne, Coûtelleries de quelque pays que ce foit, Pignes de bois de limons, & de Limoges & des pays d'environ : Euvre de Forge de Thouloufe, de Retingues, & autres marchandifes en balles, ou en ballons, Tonneaux, Barils, Caffes, en la maniere qu'ils viennent du pays à prefent, & ont accoûtumé de venir : Et que les Fûtaines deffus declarées d'Allemagne foient de douze aunes largement la piece, & les toilles de onze aunes & demie la piece largement, & du lé qu'ils ont accoûtumé & non autrement : Et qui fera trouvé faifant le contraire, pour chacune fois il payera quatre livres parifis d'amende, moitié au Roy, & moitié aufdits Maîtres : Et au cas que icelles denrées ne feront d'icelles longueurs, elles feront efforillées, & neanmoins feront les vendeurs defdites denrées tenus de declarer aux Marchands acheteurs d'icelles, les longueurs que icelles denrées auront, fur peine de perdre icelles denrées.

Item, femblablement tous Marchands demeurans hors de la Ville de Paris, qui s'entremettront de vendre & faire vendre à Paris, Serges qui ap-

B

partiennent à la Mercerie : C'eſt à ſçavoir, d'Arras, d'Angleterre, d'Illande, ou d'ailleurs ſeront tenus de icelles vendre ſous cordes, & les balles entieres ainſi comme elles viennent du pays & des longueurs accoûtumées ; C'eſt à ſçavoir celles d'Arras de vingt-trois à vingt-quatre aunes de Paris de longueur : Et celles d'Angleterre & d'Illande de vingt & une à vingt-deux aunes de Paris de long, & qu'elles ſoient entreſuivans, deuëment ſelon la montre, ſur les peines declarées au prochain, & dernier article precedent.

Item, ſemblablement ſeront auſſi tenus tous Marchands demeurans hors de la Ville de Paris, qui s'entremettront de vendre à Paris, Etamines qui ſe font en Auvergne, vendre icelles Etamines ſous cordes, balles ou ballons entiers, ainſi comme elles viennent du pays, & des longueurs & largeurs anciennement accoûtumées. C'eſt à ſçavoir, les larges de ſoixante-huit à ſoixante-douze aunes de Paris de long du moins, & les étroites à quarante-ſix aunes de Paris de long, & toutes entreſuivans, deuëment ſelon la montre, ſur peine de cent ſols pariſis d'amende, à appliquer : c'eſt à ſçavoir ſoixante ſols au Roy, & quarante ſols auſdits Jurez.

Item, pareillement que tous Marchands demeurans hors de la Ville de Paris, qui s'entremettront de vendre Raſoüers, Cizeaux, Lancettes, & autre œuvre de Forge, ſeront tenus de vendre, ou faire vendre icelles denrées à la douzaine entiere & non autrement. Et qui fera trouvé faifant le contraire, pour chacune fois & pour chacune douzaine, il payera vingt fols parifis d'amende, à appliquer moitié au Roy, & moitié aufdits Maîtres, excepté toutefois les petits Merciers détailleurs portans tablettes, qui en ces prefentes Ordonnances ne font aucunement compris.

Item, femblablement que tous Marchands demeurans hors la Ville de Paris, qui s'entremettront de vendre ou faire vendre à Paris, Etamines qui fe font à Reims, & au pays d'environ, feront tenus de vendre, ou faire vendre icelles Etamines de la longueur accoûtumée. C'eft à fçavoir, les longues de vingt & une aunes de Paris, & les courtes de cinq aunes & demie de Paris, & toutes entrefuivans : C'eft à fçavoir, telles deffous que deffus, & environ : Et qui fera trouvé faifant le contraire, il payera pour chacune piece longue dix fols parifis d'amende, & pour chacune piece courte cinq fols parifis d'amende, à appliquer moitié au Roy, & moitié aufdits Maîtres & Jurez, & feront icelles denrées efforillées.

Item, que les Hôteliers de ladite Ville & de la banlieuë d'icelle, qui auront en garde aucune marchandife de Marchands étrangers, touchant le fait de la Mercerie, ne pourront dorénavant vendre, ne faire vendre icelles denrées à détail, mais fi vendre les veulent, ils les vendront en la maniere qu'el-

les viennent du pays & non autrement. C’est à sçavoir en ballons, barils, tonneaux, en caffes, en gou-
mes, en facs, comme devant est dit, & declaré ; Et
qui fera le contraire, il payera pour chacune fois cent
fols d’amende, à appliquer : C’est à sçavoir foixante
fols au Roy, & quarante fols aufdits Maîtres, & accufeurs.

Item, que aucuns Marchands, ou Teinturiers ,
habitans en la Ville de Paris, ne foient dorénavant fi ofez ou hardis, de vendre ne faire vendre,
toiles ardans, noires, perces, ne vertes, neuves, ne
vieilles, fi la piece ne tient quatre aunes de long, &
telles dedans comme en la montre ; & qui fera
trouvé faifant le contraire, il payera pour chacune
fois cinq fols parifis d’amende pour chacune pié-
ce, à appliquer moitié au Roy, & moitié aufdits
Maîtres.

Item, pareillement que aucuns Marchands outre-
montains, repairans, & habitans en la Ville de Paris,
ne autres demeurans dehors de ladite Ville de Paris,
ne foient dorénavant fi hardis de vendre, ne faire
vendre foyes teintes, de quelque païs que ce foit,
que les liens ne foient auffi fins comme la foye : Et
qui fera le contraire, il payera vingt fols parifis pour
livre d’amende, à appliquer les deux parts au Roy,
& le tiers aufdits Maîtres.

Item, femblablement que aucuns Marchands,
oultremontains, étrangers, ou autres, ne pourront auffi dorénavant vendre foyes noires de Luc-

ques , de Venife, ou de quelque autre Ville, ou païs que ce foit, fi elles ne font auffi bien boluës comme autres foyes , & d'auffi bonne teinture; Et qui fera trouvé faifant le contraire, il payera pour chacune livre, vingt fols parifis d'amende, à appliquer comme deffus eft dit en l'article prochain precedent.

Item, que aucuns oultremontains qui ont, ou auront du Roy la franchife de Bourgeoifie en la Ville de Paris, ne foient dorénavant fi hardis de recepter ne de hebergier, ou faire hebergier aucunes denrées, ou marchandifes qui foient à perfonnes qui doivent au Roy les deniers de la livre, fur peine de forfaicture, de biens , & d'amende arbitraire.

Item, que aucuns oultremontains ayans ladite franchife de Bourgeoifie en la Ville de Paris, ne foient fi hardis d'avoir compagnie de marchandife avec autres oultremontains qui ne foient pas de ladite franchife , fur ladite peine , furquoi l'accufeur aura quarante fols, defquels quarante fols les Maîtres & Jurez auront la moitié.

Item, que aucuns ne foient fi hardis, fur peine d'être bannis un an de la Vicomté de Paris , & de payer vingt livres d'amende au Roy, d'être Courratier de la marchandife de Mercerie , & fes dépendences dont il fera marchand.

Item, que aucun ne foit fi hardi de foi entremettre d'être Courratier de la Mercerie de Paris,

& des appartenances, fi il n'eſt receu par Nous, ou nos Succeſſeurs, & bien applegé de cent livres pariſis, ſur peine de dix livres pariſis d'amende, pour chacune fois qu'il ſera trouvé faiſant le contraire, à appliquer les deux parts au Roy, & le tiers aux Maîtres.

Item, que aucun, ne aucune ne ſoient ſi hardis d'acheter Soye, Cendail, Aguilles, ne aucune autre marchandiſe qui appartienne à la Mercerie, de perſonne non âgée, ne de perſonne ſervant à autrui, & ſe apportée lui eſt pour acheter, qu'il le retienne, & ſçache le lieu dont icelles denrées viendront; & qui ſera trouvé faiſant le contraire, il payera pour chacune fois ſoixante ſols pariſis d'amende, dont les deux parts ſeront au Roy, & le tiers aux Maîtres.

Item, que aucun Valet, Apprentif, ou autre, qui aura ſoyes à ouvrer pour autrui, ne ſoit ſi hardy de porter en gage aucunes ſoyes teintes, ne écruës, filées, ne à filer, ſans le congé & conſentement de celui ou de celle à qui ladite ſoye ſera : Et ſi le cas avenoit, Nous ordonnons que ceux qui les prendront en gage ſeront contraints de les rendre à ceux à qui elles ſeront, ſans coût : Et avec ce, payeront ſoixante ſols pariſis d'amende, dont le Roy aura les deux parts, & leſdits Maîtres l'autre tierce partie, ou telle autre amende arbitraire, comme l'exigence du cas le requerra.

Item, que aucun, ne aucune ne fasse à Paris, ne en la banlieuë, Carier soye, là où il ait parmi la soye, autre chose que la soye, sur peine de perdre la soye, & d'amende arbitraire, à la discretion du Juge, dont les Jurez auront le quart.

Item, que aucun, ne aucune ne soit si hardy de faire Carier florin, ne chiefs de quelque pays qu'ils soient, sur la peine déclarée au prochain article precedent.

Item, que aucun ne mette à Paris, ne en la banlieuë, liqueur en sa cuve où l'on teint soye, parquoy la soye puisse plus peser que son droit, & qui autrement fera, celui à quel requeste la soye aura esté mise en celle cuve, payera pour chacune livre de soye quatre sols : Et ceux qui tels œuvres feront, payeront pour chacune cuvée vingt sols, à appliquer les deux parts au Roy, & le tiers aux Maîtres.

Item, que aucun, ne aucune ne fasse soye noire, où il y ait liqueur autre que son droit noir ( laquelle liqueur soit bonne, loyale, & marchande ) & que la soye soit aussi bien bouluë comme autre soye, sur peine de forfaicture de ladite soye, & de dix sols parisis d'amende pour chacune livre, à appliquer comme dit est, en l'autre prochain precedent article.

Item, que aucuns vendans soye écruë à filer, laquelle soye a liens de hars entour la tête, ne soient si hardis d'ôter lesdits liens d'entour la soye, sur peine de vingt fols parifis d'amende, dont les Jurez, & accufeurs auront la moitié : C'eſt à ſçavoir, les Jurez un quart, & les accufeurs l'autre, & de reſtitution defdits liens à l'acheteur.

Item, que fillareſſe marchande de foye ne pourra prendre d'autruy foye à filer, au cas qu'elle s'entremettra d'icelle marchandiſe, à & ſur peine de vingt fols parifis d'amende, à appliquer comme en l'article precedent.

Item, que aucun, ou aucune ne foit fi hardis d'aller acheter foye, & de changer foye pour foye en maiſon de perſonne, ne à perſonne qui file foye : Et qui fera le contraire, il payera dix fols parifis d'amende pour chacune livre, tant le vendeur comme l'acheteur, à appliquer les deux parts au Roy, & le tiers aux Maîtres & accufeurs.

Item, que fillareſſe de foye ne foit fi hardie de faire en foye aucun mauvais malice : C'eſt à ſçavoir, étroichement qui ſe fait par mauvaiſes liqueurs, dont la foye eſt plus peſante, ſur peine de douze fols parifis d'amende, à appliquer comme deſſus, & de la valluë du dechet de la foye, laquelle valluë fera baillée à celuy à qui la foye fera.

Item, pour obvier aux malices, fauſſetez, & decevances qui pourront eſtre faites en ladite Mercerie, & contre les points & articles deſſufdits, ou aucuns d'iceux, & pour demeurer à Nous & à nos Succeſſeurs, ou au Procureur du Roy audit Châtelet, ou au Receveur de Paris, ou ſon Lieutenant en icelui

lui

lui Châtelet, prefens ou avenir : toutes les mépran-
tures, forfaictures, ou amendes, qui contre les Ordonnances deffus éclaircies, ou aucuns des articles
contenus en icelles, feront, & pourront être faites,
feront commis, & établis chacun an au témoigna-
ge, & par l'élection, & nomination de la Communauté dudit métier & marchandife de Mercerie,
cinq prud'hommes d'iceluy qui feront appellez Jurez, & Gardes d'iceluy métier, & marchandife, lefquels feront ferment & jureront fur faintes Evangi-
les, és mains de Nous, ou nos Succeffeurs : Que les
Ordonnances, Points & Articles deffus éclaircis,
ils garderont bien & loyaument, Rapporteront à
Juftice, fans aucun épargner, ne grever, pour amour,
pour haine, pour don, ne pour promeffes, toutes les
amendes, forfaictures & confifcations, qui defdites
malfaictures pourront y être & devront appartenir
audit Seigneur, felon la teneur de cette prefente
Ordonnance.

Item, & ne pourront iceux cinq prud'hommes re-
fufer l'exercite d'iceluy Office, à, & fur peine de dix
livres parifis d'amende : mais ils ne pourront être
contraints, ne éleus à être Gardes, & Jurez dudit
métier, ou marchandife, puifque une fois l'auront
été, que l'efpace de quatre ans ne foit ainçois paffé,
fe ce n'eft de leur bon gré, & confentement, ou par
défaut des autres.

Item, iceux Jurez & Gardes, durant leur pouvoir,
pourront prendre, & arrêter marcs, poids, balan-

ces, aulnes, & treftoutes autres manieres de Mercerie, par tous les lieux, & fur toutes perfonnes qui
uferont dudit métier, & marchandife en la ville de
Paris, là où ils fçauront & pourront fçavoir que il
y ait fraude, méprifon, ou erreur, qui regarde &
touche ledit métier & marchandife, & les pourront
vifiter & examiner entre eux, & fe ils treuvent faute, les rapporter comme deffus eft dit : Et auffi fe
ils treuvent que il y ait male façon contre les Points
des Ordonnances deffus declarées, ils en feront leur
rapport par la maniere que dit eft, pour en ordonner, & y pourveoir felon les Inftruétions, Points &
Ordonnances devant declarées, & autrement comme il appartiendra par raifon.

Item, & à ce que mieux, & plus loyalement lefdits Jurez puiffent faire leur devoir, & vifiter par
la maniere deffus declarée: Il eft ordonné que toutes
& ,quantesfois qu'il fera neceffité, ou mêtier de faire, & élire nouveaux Jurez & Gardes audit métier, & marchandife de Mercerie à Paris, que deux
des anciens Jurez demeurcront pour l'année avenir,
avec les autres nouveaux qui à ce feront éleus, &
commis par la maniere que deffus eft dit: Tous lefquels Points, Articles, & Ordonnances qui cy-deffus font declarées: Nous voulons, mandons & ordonnons être tenuës, gardées & obfervées de point
en point, felon leur forme & teneur, fans enfraindre par tous ceux à qui ce peut toucher, & que il
appartiendra, fur les peines en icelles contenuës, &

iceux & icelles voulons être publiées & regiſtrées és
Livres des Ordonnances de nôtredit Châtelet, en
la maniere accoûtumée, & par tout ailleurs où il ſera expedient, à ce que aucun n'en puiſſe pretendre
ignorance: Sauf toutes voyes & reſervé à Nous, &
nos Succeſſeurs, de pouvoir muer, corriger, interpreter, augmenter, ou diminuer à ces preſentes Ordonnances, toutes & quantesfois que par la deliberation du Conſeil du Roy, oudit Châtelet, Nous
verrons être expedient, ou neceſſaire pour le bien du
Roy & de la choſe publique. En témoin de ce, Nous
avons fait mettre à ces Lettres le ſcel de la Prevôté
de Paris. Ce fut fait au Châtelet de Paris, le Samedy dix-huitiéme jour de Février, l'an de grace mil
quatre cens & ſept. Ainſi ſignées, FRESNES. Nous
veuës leſdites Lettres ayans icelles,& tous les Points,
Articles & Ordonnances contenuës en icelles agrea-
bles, iceux & icelles, entant que bien & deuëment
ont été faits, Avons loüé, greé, ratifié, confirmé,
& approuvé, loüons, greons, ratifions, confirmons
& approuvons par la teneur de ces preſentes: Mandons audit Prevôt, & ſes Succeſſeurs, & tous nos
autres Juſticiers & Officiers, ou à leurs Lieutenans,
preſens & avenir, à qui il appartiendra, que les Ordonnances cy-deſſus tranſcrites, & chacune d'icelles faſſent tenir, garder & obſerver, ſans enfraindre
par tous les Merciers, & Marchands de Mercerie
en nôtredite Ville, & tous autres à qui il appartiendra: En les contraignant à ce par toutes voyes deuës,

& raiſonnables, & comme ils verront être à faire
par raiſon : ſauf, & reſervé toutes voyes à Nous ou
nôtredit Prevôt, preſent & avenir, pour Nous, de
pouvoir muer, corriger, interpreter, augmenter,
diminuer, ou ajoûter auſdites Ordonnances, toutesfois que Nous, ou luy pour Nous, verrons qu'il
ſera expedient, ou neceſſaire pour le bien publique
& de ladite marchandiſe : & que ce ſoit ferme choſe, & ſtable à toûjours : Nous avons fait mettre nôtre ſcel à ces preſentes, ſauf en autres choſes nôtre
droit, & l'autruy en toutes. Donné à Paris au mois
de Mars l'an de grace mil quatre cens & ſept. Et de
nôtre Regne le vingt-huitiéme. Signé ſur le reply,
Par le Roy, à la relation du Conſeil, A L L I I O L E.
Et au deſſous collation eſt faite. Et à côté, *Viſa*.
Auquel reply eſt attaché un lac de ſoye rouge,
& vert. Et au dos deſdites Lettres eſt écrit,
ORDONNANCES.

P Ublié en Jugement au Châtelet de Paris, le Samedy vingt-quatriéme jour de Mars, l'An mil
quatre cens ſept, preſens les Avocats & Procureur du Roy, & pluſieurs aſſiſtans en la Cour. Signé, D E F R E S N E S.

 HARLES PAR LA GRACE
DE DIEU ROY DE FRANCE; sça-
voir faisons à tous presens, & à venir :
Nous avoir receu l'humble supplica-
tion des Marchands Merciers, Etaliers,
& Comporteurs de nôtre bonne ville & banlieuë
de Paris, consors en cette partie : Contenant,
Que jaçoit que lesdits Supplians de raison, & selon
les anciens usages de leur mêtier & marchandise,
puissent, & leur loise, vendre & exposer en vente
toutes denrées & marchandises appartenans au fait
de Mercerie, pourveu toutesfois qu'icelles denrées
& marchandises soient veües & diligemment visitées par les quatre Merciers Jurez de leurdit mêtier
& marchandise de Mercerie, ausquels par raison la
connoissance & visitation en appartient, & doit appartenir & non à autres quels qu'ils soient. Ce nonobstant les Jurez, ou Gardes des mêtiers de Gante-
rie, Bourserie, Taffetterie, Couroyerie, Aumusserie,
Coûtellerie, Gaignerie, Esguilletterie, Espinglerie,
Peintrerie, Lormerie, & autres de leur authorité sin-
guliere, ou autrement induëment, sous ombre d'aucuns Statuts ou Regiftres, par eux faits à leur poste
& plaisir, & sans à ce avoir appellé aucuns desdits
Merciers, se font par long-temps ingerez, & encore de jour en jour s'ingerent de voir & visiter les
denrées desdits Supplians, & de ce ont joüy & usé

( par la simpleſſe & ignorance d'iceux Supplians )
par long-temps, au tres-grand préjudice & dommage deſdits Supplians, mêmement qu'à cauſe de tant
de viſitations & à proprement parler vexations. Pluſieurs Marchands forains ont delaiſſé & delaiſſent
de jour en jour, d'apporter ou envoyer leurs denrées & marchandiſes, appartenans audit fait de
Mercerie, en nôtredite ville de Paris, qui eſt &
doit être la plus franche & notable de tout nôtre
Royaume, en aſſervant & voulant aſſervir icelle,
outre nôtre gré & volonté, & au tres-grand grief,
préjudice, & dommage de Nous, du bien de la choſe publique & deſdits Supplians, & plus pourroit
être au temps à venir, ſe par Nous n'étoit ſur ce
pourveu de nôtre gracieux & convenable remede,
ſi comme dient iceux Supplians, en nous requerant iceluy. POURQUOY Nous ces choſes conſide-
rées & eu ſur ce grand égard au bien & profit
de la choſe publique, voulant éviter tous debats,
& des tors qui pour cauſe & occaſion de ce ſe pourroient enſuivre, & à ce que paix & bon amour ſe
puiſſe nourrir entre iceux deſdits mêtiers : Et leſdits
Supplians relever des oppreſſions qu'ils ont, tant à
cauſe des viſitations deſdits mêtiers : Conſiderans
qu'il doit bien ſuffire que les Jurez, ou Gardes deſdits mêtiers, ayant viſitation ſur ceux de leurſdits
mêtiers, ainſi qu'il appartient à un chacun d'iceux
mêtiers, ſans avoir aucune autre viſitation ſur autres mêtiers, attendu auſſi qu'au fait du mêtier

de Mercerie, a, comme dit eſt, quatre prud'hommes Jurez êlus par ceux dudit mêtier : Avons
voulu, declaré & ordonné, voulons, declarons &
ordonnons, de nôtre certaine ſcience, & grace
ſpeciale par ces preſentes, que leſdits Supplians puiſſent avoir, tenir & vendre, ou faire vendre dorénavant, toutes denrées de Mercerie, appartenans au
fait de marchandiſe de Mercerie, ſoient Gans,
Bources, Taſſes, Courroyes, Aumuſſes, Coûteaux,
Gaines, Eguilles, Epingles, Images peintes, Eperons, Mors à cheval, & quelconques autres choſes appartenans au fait de Lormerie, pourveu toutesfois qu'icelles denrées & marchandiſes ſoient bien
faites & ouvrées, & de bonnes étoffes, & (ſi mêtier eſt) viſitées par leſdits quatre Jurez, ſur ledit
mêtier de Mercerie, ou aucun d'eux, ſans ce que
dorénavant iceux Gantiers, Bourſiers, Taſſetiers,
Courroyers, Aumuſſiers, Coûteliers, Gainiers, E-
guilletiers, Epingliers, Peintres, Lormiers, Jurez
ou Gardes d'iceux onze mêtiers, ne autres quelconques, ſoient en rien tenus de faire, ne avoir
aucune viſitation ſur les denrées & marchandiſes
que leſdits Supplians pourront avoir en leurs hôtels ou étaux, en quelque maniere que ce ſoit, ou
puiſſe être, ores, ou pour le temps à venir, puis
qu'elles ſont une fois en leur puiſſance & ſeigneu-
rie, & qu'elles peuvent bien avoir été viſitées és
hôtels d'iceux ouvriers qui les ont faites ou venduës par les Jurez ou Gardes de leurſdits mêtiers.

SI DONNONS en mandement, par ces preſentes à nos amez & feaux Gens tenans & qui tiendront nôtre Parlement à Paris, aux Prevôts de Paris & des Marchands & Echevins de nôtredite ville de Paris, & à tous nos autres Juſticiers & Officiers, preſens & à venir, ou à leurs Lieutenans, & à chacun d'eux, ſi comme à luy appartiendra : Que de nôtredite Grace, Declaration & Ordonnance, faſſent, ſouffrent, & laiſſent leſdits Supplians joüyr & uſer, plainement & paiſiblement, nonobſtant leſdits Status & Ordonnances deſdits onze mêtiers, Que Nous ne voulons, au regard deſdits Supplians, ne en leur préjudice, avoir lieu, ne ſortir aucun effet, ſans pour ce plus les moleſter, travailler, ne empêcher, ne ſouffrir être travaillez, moleſtez ou empêchez en aucune maniere au contraire : mais ſi aucunes de leurſdites denrées & marchandiſes, ou autres biens quelſconques étoient, ou ſont pour ce, pris, ſaiſis, levez, arrêtez, ou autrement empêchez, leur mettent, ou faſſent mettre tantôt, & ſans delay à pleine délivrance. Et ſur ce impoſons ſilence perpetuel à nôtre Procureur, & à tous autres : Et afin que ce ſoit ferme choſe & ſtable à toûjours, Nous avons fait mettre nôtre ſcel à ces preſentes. Donné à Paris au mois de Janvier, l'An de Grace mil quatre cens & douze, Et de nôtre Regne le trente-troiſiéme. Signé ſur le reply, Par le Roy en ſon Conſeil. Auquel Meſſieurs les Ducs de Berry

& de

& de Bourgogne, le Grand Maître d'Hôtel, Mef-
fire Antoine de Craon, & plufieurs autres étoient,
B O M B A R T, avec paraphe. Et à côté *Vifa :* Et au
bas eft écrit, *Contentor,* Et figné F R E R O N, avec
paraphe. Et fcellé du grand fcel de cire verte, fur
lacs de foye rouge & verte.

D

# ORDONNANCE DU ROY

# CHARLES IX.

Servant de Statut aux Marchands Merciers, Groſſiers, Joüailliers de cette Ville de Paris.

HARLES PAR LA GRACE DE DIEU ROY DE FRANCE; ſçavoir faiſons à tous preſens, & à venir : Nous avoir receu l'humble ſupplication de nos chers & bien-aimez, les Maîtres & Gardes de la Communauté de la marchandiſe de Groſſerie, Mercerie & Joüaillerie de nôtre bonne ville de Paris : Contenant que par nos Predeceſſeurs Rois d'heureuſe & loüable memoire ( que Dieu abſolve. ) Pour la police, conduite & entretenement du fait & trafic de ladite marchandiſe, leur ont été dés long-temps concedez & octroyez, &

ſucceſſivement continuez & confirmez juſques à
nôtre avenement à la Couronne, pluſieurs beaux
Statuts & Ordonnances politiques à plain contenus & declarez par les Lettres de Chartres de noſ-
dits Predeceſſeurs. Et que pour ôter les fraudes &
abus qui ſe pourroient commettre à l'avenir au
fait de ladite marchandiſe. Leſdits Supplians Nous
auroient & à nôtre Conſeil Privé, dés le dixiéme
jour de Septembre mil cinq cens ſoixante-quatre,
preſenté Requeſte avec certains Articles. Pour iceux
émologuer, confirmer & adjoûter à leurſdits anciens Statuts & Ordonnances. Laquelle par nos Lettres patentes dudit jour, Nous aurions renvoyée
avec leſdits Articles y attachez ſous nôtre contre-
ſcel, à nôtre Prevôt de Paris ou ſon Lieutenant,
pour ( appellé nôtre Procureur & autres qui pour
ce ſeroient à appeller ) Nous donner & envoyer
leur avis ſur le contenu eſdits Articles, Pour iceluy veu, pourvoir auſdits Supplians ainſi que de
raiſon. Ce qu'il auroit depuis fait, & le tout renvoyé pardevers Nous avec ſondit avis. Lequel aprés
avoir fait voir en nôtredit Privé Conſeil. Nous aurions par autres nos Lettres patentes du onziéme
jour de May dernier mil cinq cens ſoixante-ſix, avec
leſdits Articles auſſi y attachez ſous nôtredit con-
tre-ſcel, Renvoyé à nos amez & feaux Avocats &
Procureurs Generaux en nôtre Cour de Parlement
à Paris. Pour voir iceux, & ſur ce nous donner
leur avis. Pour iceluy veu, être pourveus auſdits

Supplians fur le contenu efdits Articles, ainfi qu'il appartiendroit & verrions être à faire par raifon. Ce qu'ils auroient femblablement depuis fait, & le tout renvoyé pardevers Nous. Lequel veu en nôtredit Privé Confeil, ( & auparavant que de pourvoir aufdits Supplians. ) Nous aurions par nôtre Arreft du premier jour du mois d'Août audit an mil cinq cens foixante-fix. Le tout renvoyé à nos tres-chers & bien-amez les Prevofts des Marchands & Efchevins de nôtredite ville de Paris, ( Pour appeller & oüir quelques notables Marchands Forains, Nous donner & envoyer leur avis par écrit, fur le contenu efdites Requêtes & Articles ( ce qu'ils ont auffi depuis deuëment fait. Et le tout renvoyé pardevers Nous avec leurdit avis.

Pour ce eft-il, Que Nous voulans bien & favorablement traiter lefdits Supplians : & iceux non feulement conferver & garder en leurfdits anciens Statuts & Ordonnances, ainfi que nofdits Predeceffeurs Rois ont fait : Mais auffi pour le bien, utilité & commodité de la chofe publique, police & entretenement du fait & trafic de ladite marchandife, leur en donner & octroyer d'autres. Et éviter qu'à l'avenir il ne s'y puiffe commettre aucun abus. Et aprés qu'avons fait voir par les Gens de nôtredit Confeil Privé, lefdites Requêtes, Articles, Lettres patentes & avis cy-attachez fous nôtre contrefcel. Et par meure deliberation d'iceluy ; Avons dit, declaré & ordonné, Et de nôtre grace fpeciale, pleine puiſſance & authorité Royale: Diſons, declarons & ordonnons, voulons & nous plaît : que leſdits Gardes de ladite marchandiſe de Groſſerie, Merce-rie & Joüaillerie deſſuſdits, Ne pourront donner Lettres de Maîtriſes en cedit Etat, ſinon à ceux qui auront fidelement ſervy trois ans entiers un Bour-geois de nôtredite ville de Paris, Maître dudit Etat, & aux fils deſdits Maîtres, ſur peine de nullité deſ-dites Lettres, & d'amende arbitraire.

Sera auſdits Bourgeois Maîtres dudit Etat, & non à autres, permis de vendre & diſtribuer en icelle, toutes ſortes & eſpeces de marchandiſes, non pro-hibées par les anciens Statuts & Ordonnances dudit Etat.

Et ſera défendu aux Forains & autres Bourgeois qui ne ſont receus Maîtres dudit Etat, & qui n'ont Lettre de Mercerie, de vendre & diſtribuer aucunes de leurs marchandiſes en nôtredite Ville, ſinon aux temps ordinaires des Foires : qui ſont celles de Saint Denys, Saint Germain & du Landy.

Et pour mettre hors d'intereſt iceux Forains, & autres Bourgeois non receus Maîtres, & qui n'ont Lettres de Mercerie, hors leſdites Foires, & en tout temps, il leur ſera loiſible d'amener en nôtredite ville de Paris, toutes ſortes de marchandiſes concer-nans ledit Etat : A la charge toutesfois qu'icelles arrivées, les voituriers tant par eau que par terre, ſeront contraints les faire deſcendre au lieu public

D iij

& defigné par lefdits Maîtres & Gardes, Aufquels, ou à l'un d'iceux, lefdits voituriers feront tenus de montrer & exhiber leurs Lettres de voiture, pour être lefdites marchandifes par eux vifitées, & celles qui pourront porter fcel, être fcellées ou marquées, vingt-quatre heures aprés l'arrivage & defcente d'icelles. Et pour ladite vifitation faite en cas de defectuofité, & que lefdites marchandifes fe trouvaffent non loyales ny marchandes, en interdire & défendre la vente, fur peine de confifcation, & des amendes portées par les anciennes Ordonnances dudit Etat.

Qu'advenant lefdites Foires, lefdits Foirains & autres Bourgeois non receus Maîtres & qui n'ont Lettres de Mercerie, pourront retirer dudit lieu public & defigné, leurfdites marchandifes ainfi vifitées huit jours devant lefdites Foires, en payant aufdits Maîtres & Gardes un denier tournois, pour chacune livre tournois, tant pour la vifitation que garde, de laquelle lefdits Maîtres & Gardes feront refponfables, & contraints à la reftitution d'icelles.

Et fera permis aufdits Forains & autres Bourgeois non receus Maîtres, & qui n'ont Lettres de Mercerie dudit Etat; de vendre & diftribuer leurfdites marchandifes durant lefdites Foires, & huit jours aprés icelles en gros, & non en détail. Auffi lefdits huit jours paffez, feront tenus faire remballer & empacqueter le furplus defdites marchandi-

ses , & icelles rapporter audit lieu public & desi-
gné, pour être venduës aux autres Foires suivantes , ou bien les renvoyer où bon leur semblera, sans
aucunement en disposer par eux en ladite Ville hors
Foire , sur lesdites peines de confiscation , & d'amende arbitraire.

Qu'en cét Etat & Communauté de Grossier, Mercier & Joüaillier, comme en tous les autres Corps &
Communautez de nôtredite Ville : y sera étably un
lieu public , pour la reception , conservation , visitation & restitution desdites marchandises.

Que toutes les défences cy-dessus , seront toûjours publiées, & reïterées aux temps des Foires, aux
lieux des Foires , en la Ville & sur les ports, afin que
les Voituriers , tant par eau que par terre , n'en puissent pretendre cause d'ignorance , sur peine aux Voituriers contrevenans à icelles, de confiscation de leurs
chevaux & batteaux.

Ne pourront lesdits Gardes permettre à aucun desdits étrangers faire en nôtredite Ville de Paris Etat
de Couratier, ny recevoir en cette charge autres que
ceux qu'ils connoîtront pour gens de bien & suffi-
sans, pour répondre des fautes & larcins , si aucuns
sont commis.

Ne pourront aussi lesdits Couratiers faire en leur
nom , ny pour autruy , aucun état de marchandise, si celuy pour lequel ils viendront n'est Bourgeois & Maître dudit Etat de nôtredite ville de
Paris , & ce pour éviter aux abus & monopoles

qu'ils pourroient faire & commettre avec les étrangers.

Et dautant que pour la neceſſité des affaires, il eſt beſoin faire aſſemblée d'aucuns dudit Etat : ceux dudit Etat qui auront été appellez, & defaudront à ſe trouver au jour, lieu & heure deſignez : feront condamnez en vingt ſols pariſis d'amende, ſinon qu'ils ſoient legitimement excuſez.

Que ce qui ſera accordé & ordonné auſdites aſſemblées, par les anciens Gardes de ladite marchandiſe, appellez avec eux, quarante ou cinquante des plus notables dudit Etat : fera obſervé par les autres, à peine d'amende arbitraire.

Et que les Merciers de nôtre Palais à Paris ; feront tenus, pour fournir aux frais qu'il conviendra faire pour pluſieurs affaires qui ſurviennent ordinairement pour la viſitation des marchandiſes, & pourſuites des procés qui en ſurviennent : contribuer chacun la ſomme de dix ſols pariſis, ainſi qu'ils ſont tenus par les anciennes Ordonnances dudit Etat.

SI donnons en mandement par ces mêmes preſentes, à nos amez & feaux les Gens tenans nôtre Cour de Parlement à Paris, Prevôt dudit lieu, & defdits Marchands & Eſchevins, & à tous nos autres Juſticiers, Officiers, ou leurs Lieutenans, & chacun d'eux ſi comme à luy appartiendra : Que nos preſentes Declaration, vouloir & intention, ils entretiennent, gardent & obſervent, faſſent entretenir,

tenir, garder & obferver inviolablement de point en point, lire, publier & enregiftrer, & du contenu cy-deffus faffent, fouffrent & laiffent joüir & ufer lefdits Supplians, & leurs fucceffeurs audit Etat de Garde de ladite marchandife de Grofferie, Mercerie & Joüaillerie, plainement, paifiblement & perpetuellement, fans y contrevenir, ne innover aucune chofe au contraire, & à ce faire, fouffrir & obeïr, contraignent, ou faffent contraindre tous ceux qu'il appartiendra, & qui pour ce feront à contraindre par les voyes que de raifon. Le tout nonobftant oppofitions, ou appellations quelconques, pour lefquelles & fans préjudice d'icelles ne voulons être differé : Car tel eft nôtre plaifir, Nonobftant auffi quelconques Edits, Privileges, Statuts, Arrefts, Jugemens, Sentences, Mandemens, Défences & Lettres impetrées ou à impetrer à ce contraire : Et pour ce que de cefdites prefentes l'on pourra avoir affaire en plufieurs & divers lieux, Nous voulons qu'au *Vidimus*, deuëment collationné, foy y foit ajoûtée comme à ce prefent Original, auquel & afin que ce foit chofe fermé & ftable à toûjours, Nous avons fait mettre nôtre fcel, fauf en autres chofes nôtre droit, & l'autruy en toutes. Donné à Paris au mois de Fevrier, l'an de grace mil cinq cens foixante-fept. Et de nôtre Regne le feptiéme. Ainfi figné, BOUCHER, Et plus bas, Par le Roy en fon Confeil, DE L'AUBESPINE. Et à côté, *Vifa:* Et plus bas eft écrit, *Contentor.* Signé, LE RAGOIS.

E

Et scellé de cire verte sur lacs de soye rouge & verte.
Plus au dos est écrit :

*Leuës, publiées & enregistrées, Oüy & ce consen-tant le Procureur General du Roy, pour joüir par les Impetrans de l'effet & contenu esdites Lettres, selon leur forme & teneur. A Paris en Parlement, le deu-xiéme jour de May l'an 1567. Signé DU TILLET. Plus bas est encore écrit :*

*Leuës, publiées & enregistrées, Oüy & ce consen-tant le Procureur du Roy, pour joüir par les Impe-trans de l'effet & contenu, selon leur forme & teneur, hormis les mecaniques. Fait au Châtelet de Paris le Mercredy sixiéme d'Août, l'an 1567. Signé DE BILLON & BARBEDOR. Plus est encore écrit :*

*ENregistrées au septiéme volume des Bannieres. Re-gistre ordinaire du Châtelet de Paris, és 158. 159. 160. 161. 162. fueillets dudit Registre. Signé REMY. Et au dessous & en la page suivante sont encore écrits.*

*LEs presentes ont été leuës & publiées à son de Trompe & cry public, és lieux & places cy-aprés declarez, à sçavoir, au port de l'Ecolle saint Ger-main de l'Auxerrois, aux Halles, devant l'Eglise saint Jacques de l'Hôpital, à l'apport de Paris, place de Gréve, au carrefour saint Severin & place Mau-bert à Paris, par moy Pasquer Rossignol, Sergent.*

*Crieur pour le Roy és villes, Prevosté & Vicomté de Paris, accompagné de Michel Noiret, commis par le Roy pour Trompette efdits lieux, & de deux autres Trompettes, le Samedy 30. jour d'Août l'an 1567.*
*Signé* ROSSIGNOL.

*L Euës, publiées & enregiftrées au Bureau de ladite ville de Paris, Oüy & ce confentant le Procureur du Roy, & d'icelle, le vingt-quatriéme jour de Septembre 1567. Signé* BACHELIER.

*L Euës & publiées à fon de Trompe & cry public, par les carrefours de la foire du Landy, tenant en la ville S. Denis en France, & encores és places de Gréve devant l'Hôtel de la ville de Paris, & au port de l'Ecolle S. Germain de l'Auxerrois, par moy Crieur du Roy, accompagné dudit Noiret, le Mercredy feiziéme jour de Iuin, l'an 1568. Signé* ROSSIGNOL.

*L E S Ordonnances contenuës au prefent cayer de parchemin, ont été leuës, publiées & enregiftrées és Regiftres du Bailliage du Palais, Oüy ce requerant & confentant le Procureur du Roy audit Bailliage, Dont Maître François Delaroche Procureur des Maîtres & Gardes de la marchandife de Grofferie, de Mercerie & Ioüaillerie, affifté de Cantien de Laiftre, Louis Bobie, Remond Bourgeois, & André de Sainction, quatre defdits Maîtres & Gardes ont requis avoir Lettres, aufquels avons octroyé ces prefentes, pour leur servir & valoir, ce que de raison, le seiziéme jour de Septembre, l'an 1569. Signé* CHARRUAU.

*Egistrées semblablement en la Chambre des Comptes, Oüy & ce consentant le Procureur General du Roy, pour jouyr par les Impetrans de l'effet d'icelles, ainsi qu'ils en ont cy-devant bien & deuëment jouy & usé. Le 30. jour de Decembre, l'an 1577. Signé* DE LA FONTAINE, *semblablement est aussi écrit.*

*Egistrées en la Cour des Aydes à Paris, Ouy le Procureur General du Roy, suivant l'Arrest d'icelle. Donné ce jourd'huy quinziéme jour de Fevrier, l'an 1578. Signé* DE BEAUVAIS.

HARLES PAR LA GRACE DE DIEU ROY DE FRANCE; A tous ceux qui ces presentes Lettres verront, Salut Comme pour l'affluance & multitude des habitans & autres qui arrivent de toutes parts, & sejournent en nôtre bonne ville de Paris, achetans & fournissans en ce lieu, quasi de toutes choses dont ils ont affaires : Il n'y ait si petite espece de marchandise, ou de manufacture qui ne soit plus que suffisante pour entretenir opulemment celuy qui s'en entremet & sa suite. Il s'en est ensuivy telle diversité de tous Etats & Mêtiers, du tout distincts & separez par diverses Or-

donnances & Statuts de tout temps obfervez, & par
nos Predeceffeurs de long-temps approuvez, confirmez & authorifez, que peu de gens fe peuvent trouver en ladite Ville, qui fe mélent de faire vendre
ou debiter diverfes efpeces de marchandifes ; ce qui
eft caufe que peu de Marchands manouvriers de ladite Ville peuvent faire train & trafic de marchandifes en pays lointains, ne pouvans fauver les frais
de leurs achats & voyage fur une feule efpece de
marchandife, de laquelle il leur eft feulement permis de faire trafic ; ce qui a été caufe, qu'afin qu'en
nôtredite Ville il y eût des Marchands qui peuf-
fent faire venir de toutes efpeces de marchandifes,
voire des pays plus lointains & de toutes les parties
du monde : il y a eu de tout temps & ancienneté
un Etat de Marchands Groffiers, Merciers & Joüailliers établis en nôtre ville de Paris, aufquels il eft
loifible & permis d'acheter en quelques pays que ce
foit, & vendre & debiter en nôtredite Ville, foit
en gros ou en détail quelque efpece de marchandife
que ce foit, afin qu'allans en un pays, & n'y trouvans
bien fouvent des efpeces de marchandifes qu'ils y
veulent & entendent acheter, ils en puiffent librement acheter d'autres, & de tant d'efpeces qu'ils
aviferoient pour bien-tôt en avoir depêche, y faire gains raifonnables : de maniere que fous cét Etat
de Groffier, ont été compris de tous temps, les
Marchands de draps d'Or, d'Argent, de Soye, de
Camelots, Oftades, demy Oftades, Sarges, Fûtai-

nes, Toilles, Laines, Paſtel, Tapiſſeries, Joüaille-
ries, Eſpiceries, Merceries, Cuivre de Lorges, Fil
de ſoye, Quinquailleries, & autres ſemblables, auſ-
quels il n'eſt permis de faire manufacture quelcon-
que, mais ſeulement vendre, acheter, étaler, parer & enjoliver de toutes eſpeces de marchandiſes,
pour raiſon deſquelles ſi leſdits Marchands Groſſiers,
Merciers, Joüailliers étoient ſujets à la viſitation
de tous les Jurez des Etats & Mêtiers de nôtredite
ville de Paris, ſous ombre qu'ils vendent de la marchandiſe ou manufacture appartenant à l'Etat ou
Mêtier duquel ils ſont Jurez, ils n'auroient jamais
autres choſes que Jurez en leurs maiſons, leſquels
d'ailleurs prendroient plaiſir à rejetter & rebuter
leurs marchandiſes pour l'envie qu'ils leur portent,
les voyans vendre de leurs marchandiſes ou manufactures, au moyen dequoy il a été de tout temps
obſervé que leſdits Groſſiers, Marchands de draps
d'Or, d'Argent & de Soye, Camelots, Oſtades,
Sarges, Toilles, Tapiſſeries, Joüaillerie & Mercerie,
qui ſont tous compris ſous un méme Etat, & regis
par mêmes Ordonnances & Statuts, ne ſeroient ſujets à autre viſitation que des Maîtres Gardes & Jurez de leur Etat, ſans que les Jurez des autres Etats
ou Mêtiers l'ayent jamais pû & dû entreprendre,
comme il a été mêmement ordonné par Lettres patentes du Roy Charles VI. l'un de nos Predeceſſeurs,
Données à Paris au mois de Janvier mil quatre cens
douze, Enregiſtrées au Greffe du Châtelet de Paris,

comme auſſi il a été jugé par vingt-deux tant Sentences, qu'Arreſts, cy-attachez ſous nôtre contre-
ſcel, donnez contre les Chapeliers, Bonnetiers,
Aumuſſiers, Mitanniers, Fourbiſſeurs, Cordiers,
Bourſiers, Eſpiciers, Apotiquaires, Gantiers, Eſ-
guilletiers, Coûtelliers, Cloûtiers, Selliers, Tail-
landiers, Imagers, Peintres, & autres qui ont voulu
entreprendre viſitation ſur leſdits Groſſiers & conſorts: Et combien que telle maniere de vivre, de long-
temps obſervée en nôtredite ville de Paris, intro-
duite tant par anciens Statuts que modernes, deuëment approuvez par les Edits de nos Predeceſſeurs,
& jugez par tant de divers Jugemens & Arreſts, ne
ſe puiſſe revoquer en doute. Ce neanmoins pluſieurs deſdits Etats & Mêtiers, envieux de ce que
leſdits Groſſiers & conſorts achetent & font venir
marchandiſes de toutes parts bonnes & loyales,
qu'ils vendent ordinairement à trop meilleur prix
que les autres, veulent par une certaine conſpira-
tion entreprendre ledit droit de viſitation, les tra-
vaillant par multiplicité de procés, ce que nous ont
fait entendre les Maîtres & Gardes de la marchandiſe de Mercerie, Groſſerie & Joüaillerie d'icelle
Ville, & ſur ce ſupplié leur vouloir declarer nos
vouloir & intention. A CES CAUSES, deſirans les
Ordonnances & Statuts faits ſur ladite marchandiſe
de Mercerie, Groſſerie & Joüaillerie de nôtredite
ville, enſemble la forme & maniere de laquelle ils
ont de tout temps uſé, ſur laquelle ſont intervenus

tant de Jugemens, être inviolablement gardez &
obfervez : Aprés avoir fait voir en nôtre Confeil
Privé les Chartres, Statuts & Ordonnances de nos
Predeceffeurs, ayeul, Pere & Frere, & de Nous pu-
bliez & enregiftrez en nôtredite Cour de Parlement, & ailleurs où il appartient, l'information fur
ce faite, & avis donnez par nos Avocats & Procureurs Generaux, Prevôts des Marchands & Efchevins de nôtredite Ville, Prevôt de Paris ou fes
Lieutenans, enfemble les Arrefts de nôtredite Cour
de Parlement, & autres pieces y attachées fous nôtre contre-fcel, De l'avis de nôtredit Confeil.
A V O N S  D I T, declaré & ordonné, & de nos certaine fcience, pleine puiffance & authorité Royale:
Difons, declarons & ordonnons, Voulons & nous
plaît : Que dorénavant lefdits Maîtres Marchands
Merciers, Groffiers & Joüailliers de nôtredite ville
de Paris, faffent & conduifent le train & fait de
marchandife, bien & loyaument, foit en gros ou en
détail, fans que pour ce, la marchandife de Mercerie, Grofferie & Joüaillerie qui fera en leur pof-
feffion, en leurs maifons, magafins & boutiques, ou
en chemin pour y être conduite, foit aucunement
vifitée, prife, faifie, ou arreftée par aucuns Maîtres des Mêtiers de nôtredite Ville, en quelque
maniere que ce foit, encore que la marchandife foit
de leur Etat, manufacture ou autrement. Enjoignant tres-expreffément aux Maîtres & Gardes de
ladite marchandife de Mercerie, Grofferie, & Joüaillerie,

lerie, d'en faire la visitation & rapports comme il appartient, & ont accoûtumé : N'entendons toutefois par ce déroger ny préjudicier aux visitations qu'ont accoûtumé, & sont tenus faire les Maîtres des autres Etats & Mêtiers, qui seront Jurez, sur les Maîtres de leurs Mêtiers, sans aucune faute ny abus, à ce que tout ce qui sera vendu & debité soit loyal & marchand, & si pour ce regard y a procez à mouvoir : Voulons que la presente Declaration & tout le contenu cy-dessus, y soit entierement gardé & observé, suivant lesdits Jugemens & Arrests, & les differends jugez & terminez par appel de nôtre Prevôt de Paris ( si aucun y en a ) en nôtre grand' Chambre de plaidoyé, en nôtredite Cour de Parlement de Paris, attendu qu'il est question de fait de police, ou autrement renvoyé en telle Chambre des Enquêtes, qu'ils aviseront bon être. SI DONNONS EN MANDEMENT, A nos amez & feaux Conseillers tenans nôtre Cour de Parlement à Paris, Prevôt dudit lieu, & à tous nos autres Juges & Officiers, que ces presentes nos Declarations, vouloir & intention, ils fassent lire, publier & enregistrer, garder & observer de point en point, selon leur forme & teneur, & d'iceux, ensemble de tous leurs Privileges, Statuts & Ordonnances, & de l'effet & contenu cy-dessus, jouyr & user plainement & paisiblement lesdits Maîtres & Gardes de ladite marchandise de Mercerie, Grosserie & Joüaillerie, sans souffrir qu'il leur soit fait, mis ou donné, ores

F

ny pour le temps à venir, aucun trouble ou empê-
chement ; Contraignant à ce faire & souffrir tous
ceux qu'il appartiendra, par toutes voyes & manieres deuës & raisonnables, nonobstant oppositions
ou appellations quelconques & Lettres à ce contrai-
res : En témoin dequoy nous avons fait mettre nôtre scel à ces presentes. Donné à Paris le neufiéme
jour d'Octobre, l'an de grace mil cinq cens soixante-
dix, & de nôtre Regne le dixiéme : *Et plus bas à côté
est écrit :* Ordonné au Conseil Privé du Roy, tenu
à Paris le 9. Octobre 1570. Signé, DE MESMES.
Avec paraphe. Et sur le reply, Par le Roy en son
Conseil, DOLU. Avec paraphe. Et scellées du grand
sceau de cire jaune. Et à côté sur ledit reply.

*REgistrées, Oüy le Procureur general du Roy,
aux charges portées par l'Arrest de ce jour. A
Paris en Parlement le vingtiéme jour de Janvier,
l'an 1571.     Signé, BVDE. Avec paraphe.*

Et au dos desdites Lettres est écrit ce qui ensuit :
*LEuës & publiées en jugement au Parc Civil du
Châtelet de Paris, ensemble l'Arrest de la Cour
de Parlement du vingtiéme Ianvier dernier, & ordonne estre enregistrées és Registres dudit Châtelet,
pour en jouyr par les Impetrans d'icelle, aux charges
portées par ledit Arrest, en presence & du consentement du Procureur du Roy en iceluy Châtelet, & ce
requerant par Maistre Iean de Villemard Procureur*

des Maiſtres & Gardes de la marchandiſe de Mercerie, Groſſerie & Ioüaillerie de cette ville de Paris,
le Mercredy ſeptiéme jour de Mars 1571.
Signé, DROVART. Avec paraphe.

Et à côté eſt écrit:

ENregiſtrées en la Chambre du Procureur du Roy
au Châtelet de Paris, au ſecond cayer neuf, le
Lundy treiziéme jour d'Aouſt, l'an mil cinq cens
ſeptante-un.

Et en ſuivant eſt encore écrit:

LEuës & publiées à ſon de Trompe & cry public,
au devant les Fontaines des ſaints Innocens, du
Sepulchre, S. Iacques de l'Hôpital, des Filles-Dieu,
le Ponceau, au bout du Pont Nôtre-Dame, devant
ſaint Denis de la Chartre, devant l'Hôtel-Dieu, &
par les carrefours & places accoûtumées à faire cris &
publications, par moy Paſquier Roſſignol, Crieur
Iuré du Roy nôtre Sire, és ville, Prevôté & Vicomté
de Paris, accompagné de Guillaume Boucher, François Mareſchal, & autres Trompettes Jurez, dudit
Sieur, & de deux autres Trompettes, avec certaine
Ordonnance du douziéme Octobre mil cinq cens ſoi-
xante-cinq, le Samedy premier jour de Septembre, l'an
mil cinq cens ſeptaute-un, ſuivant les Requeſtes à cette
fin preſentées le vingt-ſeptiéme jour d'Aouſt dernier.
Signé, ROSSIGNOL. Avec paraphe.

## *EXTRAIT DES REGISTRES*
### *de Parlement.*

Euës par la Cour, les Lettres patentes du Roy, données à Paris le neufiéme jour d'Octobre mil cinq cens septante dernier passé, Signées sur le reply, Par le Roy en son Conseil, D O L U. Par lesquelles pour les causes y contenuës, Ledit Seigneur Dit, declare, veut & ordonne, que dorénavant les Maîtres Marchands Merciers, Grossiers & Joüailliers, de cette ville de Paris, fassent & conduisent le train, & fait de marchandise bien & loyaument, soit en gros, ou en détail, sans que pour ce la marchandise de Mercerie, Grosserie & Joüaillerie qui seroit en leur possession en leurs maisons, magasins & boutiques, ou en chemin, pour y estre conduite soit aucunement visitée, prise, saisie ou arrêtée par aucuns Maîtres des Mêtiers de cettedite Ville, en quelque maniere que ce soit, encore que la marchandise fût de leur Etat, manufacture ou autrement : Enjoignant tres-expressément aux Maîtres & Gardes de ladite marchandise de Mercerie, Grosserie & Joüaillerie, d'en faire la visitation & rapport comme il appartient, & ont accoûtumé ; N'entendant toutefois par ce déroger, ny préjudicier aux visitations qu'ont accoûtumé, & sont tenus faire les Maîtres des autres

Etats & Mêtiers, qui feroient Jurez fur les Maîtres
de leurs Mêtiers, fans aucune faute, ny abus, à ce
que tout ce qui feroit vendu & debité fût loyal &
marchand. Et fi pour ce regard y avoit procez meus,
& à mouvoir : Veut ledit Seigneur que la prefente
Declaration, & tout le contenu defdites Lettres, foit
entierement gardé & obfervé, fuivant les Jugemens
& Arrefts y mentionnez. Et les differends jugez &
terminez par appel du Prevôt de Paris, fi aucun y
en avoit en la Grand'Chambre du plaidoyé de ladite Cour, attendu qu'il eftoit queftion du fait de
police, ou autrement, renvoyé en telle Chambre
qu'ils aviferoient bon eftre, comme plus au long le
contiennent lefdites Lettres de l'Ordonnance de ladite Cour, communiquées au Procureur General du
Roy; Ses Conclufions fur la Requefte prefentée par
les Maîtres & Gardes de ladite marchandife de Mercerie, Grofferie & Joüaillerie, tendant à la publication defdites Lettres : Par lefquelles ledit Procureur
General auroit declaré n'empécher lefdites Lettres
eftre enregiftrées, pour en jouyr par les Impetrans,
aux charges des Arrefts donnez en la prefente année,
entre lefdits Supplians & les Maîtres Jurez Apotiquaires & Epiciers de cettedite Ville. Requefte prefentée par les Marchands Groffiers & Merciers de
cettedite Ville le vingt-feptiéme jour de Novembre
audit an mil cinq cens feptante dernier, tendante à
ce que pour les caufes y contenuës, l'Arreft d'icelle
Cour du dixiéme jour de Juillet dernier, donné à

l'Audiance entr'eux d'une part , & les Apoticaires & Epiciers d'autre, leur fût délivré, ainſi qu'il avoit eſté prononcé & écrit , nonobſtant la Requeſte preſentée par leſdits Apoticaires & Epiciers au contraire, ou en tout évenement , pour éviter à procez, monopoles & abus , qui ſe pourroient commettre à l'avenir : Que la viſitation mentionnée audit Arreſt, ſe feroit des drogues qui entroient au corps humain , par l'un des Docteurs en Medecine, qui feroit éleu par chacun an par le Doyen de la Faculté , appellez avec luy deux des Maîtres Groſſiers, Merciers qui feroient nommez par les Maîtres & Gardes de la marchandiſe de Groſſerie & Mercerie , & deux des Maîtres Jurez Apoticaires & Epiciers. Autre Requeſte auſſi preſentée par leſdits Maîtres & Gardes de ladite marchandiſe de Mercerie , Groſſerie & Joüaillerie , Par laquelle ( afin que les Apoticaires & Epiciers euſſent occaſion de ſe contenter ) ils auroient declaré qu'ils ne vouloient & n'entendoient de leur part viſiter leſdits Apoticaires & Eſpiciers , & accordoient que la marchandiſe & droguerie, entrant au corps humain, qui ſe trouveroient en la poſſeſſion des Maîtres Merciers & Groſſiers, fût veuë & viſitée par le Docteur en Medecine, éleu par la Faculté ſuivant ledit Arreſt , appellez avec eux deux des Maîtres Merciers & Groſſiers, nommez par leſdits Supplians, & des Maîtres Apoticaires & Epiciers : Et au ſurplus requis la verification & enterinement deſdites Lettres ſuivant le consentement dudit Procureur General du Roy: Autres Conclusions & consentement d'iceluy Procureur General : Et tout consideré. LADITE COUR A ordonné & ordonne, que lesdites Lettres patentes feront regiftrées és Regiftres d'icelle : Ouy fur ce le Procureur General du Roy, pour joüir par les Impetrans de l'effet & contenu en icelles, aux charges que les marchandifes & drogues entrans au corps humain, feront veuës & vifitées, affiftans les Doyen de la Faculté de Medecine, qui pour lors fera, & deux des Docteurs de ladite Faculté, qui à ce feront commis par chacun an, fuivant ledit Arreft; Et outre, qu'à ladite vifitation affifteront deux Maîtres Merciers & Groffiers, & deux Maîtres Jurez Apoticaires de cette Ville. Fait en Parlement le vingtiéme jour de Janvier, l'an mil cinq cens feptante-un.

Signé, DU TILLET, Avec paraphe.

# ORDONNANCE DU ROY
# HENRY IV.
Servant de Statut aux Marchands
Merciers, Grossiers, Joüailliers
de cette Ville de Paris.

ENRY PAR LA GRACE DE DIEU ROY DE FRANCE ET DE NAVARRE; A tous presens & à venir, Salut. Les Gardes de la marchandise de Grosserie, Mercerie & Joüaillerie de nôtre bonne Ville de Paris : Nous ont fait remontrer que comme nôtredite Ville est la Capitale de nôtre Royaume, en laquelle pour nôtre frequente residence, & de la grande affluance des Princes, Seigneurs, Ambassadeurs & autres personnes de toutes qualitez, il se fait grand debit

bit & confommation des marchandifes. Auffi eft-il neceffaire que les Corps de ladite marchandife foient bien reglez & policez; Et pour cette confideration les Rois nos Predeceffeurs, ont fait & donné plufieurs Statuts & Ordonnances pour le reglement & police defdites marchandifes, manufactures, apports, ventes, reventes & conditions d'icelles, experience, qualité & reception des perfonnes faifant trafic, établiffement des Gardes & Maîtres, vifitation des marchandifes, poids, mefures, & generalement pour toute la police neceffaire, afin d'obvier aux abus & malverfations: Mêmement le Roy Charles VI. dés l'an quatre cens fept, commanda & ordonna plufieurs Statuts fur le fait defdites marchandifes, lefquels depuis ont efté confirmez & augmentez par trois Lettres Patentes du Roy Henry II. és années 48. 57. & 58. & encore depuis par le Roy Charles IX. par deux Lettres Patentes en forme de Declaration, augmentation & confirmation, données és années 67. & 70. & par icelles la marchandife de Grofferie, Mercerie & Joüaillerie a efté unie en un même Corps, lequel contient en foy fix Etats de Marchands; Sçavoir le Marchand Grofsier, celuy de draps d'Or, d'Argent & Soye, celuy d'Oftades & Serges, le Tapiffier, le Marchand de menuë Mercerie, & celuy de Joüaillerie: aufquels Marchands eft permis acheter & vendre en gros & détail en nôtredite Ville, & aux Païs étrangers, toutes fortes de marchandifes d'Or, d'Argent, Soyes, Oftades, Serges

G

de toutes fortes & façons, Camelots, Burails, Etamines, Fûtaines, Doublures, Revefches, Toilles de
toutes fortes, ouvrées & non ouvrées, Maroquins,
Cuirs de Levant, Chamois, Buffes, Buffetins,& generalement toutes fortes de Cuirs, Fourrures, Pelleteries, Tapiſſeries, Coûtils, Contrepointes, Couvertures & Caftelognes, & autres Franges, Paſſemens, Rubans, & Boutons d'Or, d'Argent, Soye,
& de toutes autres façons, même l'Or & l'Argent
filé, Soyes cruës & non écreuës, teintes & non teintes, & pareillement toutes fortes de Joüaillerie d'Or,
Argent, Pierres precieufes, Perles, Joyaux d'Or &
Argent, vaiſſelle d'Or & Argent & d'autres metaux,
Drogueries, Epiceries, Brefil, Paftel, Cochenilles,
Garences & toutes efpeces de Teintures, Fer, Acier,
Cuivres ouvrez & non ouvrez, neufs ou vieils, Mu-
tailles, Armes pour hommes & chevaux, Serrures,
Fermetures de coffres & cabinets, Dinanderies,
Quinquailleries, Coûtelleries, Lames d'épées, Gardes & Garnitures, & de toutes autres fortes de marchandifes d'Or, Argent, Cuivre, Fer, Fonte & toutes autres œuvres de forge & fonte, Tableaux, Peintures, & generalement toutes fortes de marchandifes, Groſſerie, Mercerie & Joüaillerie. Et afin de remettre le trafic en fon premier luftre, & reformer
les abus qui fe font gliſſez en la manufacture & debit pendant les troubles & guerres Civiles qui ont
eu cours en ce Royaume. Ils nous ont humblement
requis leur vouloir continuer & confirmer lefdits

Statuts, Ordonnances, Reglemens & Privileges faits pour raifon de ladite marchandife de Grofferie, Mer- cerie & Joüaillerie, & pourvoir à la reformation def- dits abus & malverfations. Pour ce eft-il, que nous defirans l'augmentation & accroiffement de nôtre bonne ville de Paris, & que les Etats & marchan- difes foient bien reglez. Nous, de nôtre certaine fcience, pleine puiffance & authorité Royale, Avons continué & confirmé, continuons & confirmons aufdits Maîtres & Gardes Supplians, lefdits Privile- ges, Statuts, Ordonnances & Reglemens portez par lefdites Lettres patentes, & articles accordez & donnez par nofdits Predeceffeurs és années 1407. 1548. 57. 58. 67. 70. attachez fous le contre-fcel des prefentes.

## ARTICLE I.

Conformément aufquelles & en confequence d'i- celles, Nous voulons & ordonnons, que pour la dire- ction defdits Corps de marchandifes, & faire obferver nofdites Ordonnances, foient appellez & éleus aux charges de grand Gardes & autres Gardes, des plus experimentez, bien fameux & notables Marchands, fans qu'ils puiffent être déchargez s'ils ne font feptua- genaires, ou qu'il y ait quelqu'autre excufe legitime qu'il y ait lieu de les décharger.

## I I.

A l'élection defquels feront appellez des plus anciens & notables Marchands jufques au nombre de foixante au moins, lefquels feront tenus s'y trouver, fur peine d'un écu d'amende, applicable aux pauvres, pour en la prefence du Subftitut du Procureur general en la Prevôté & Vicomté de Paris, être fait élection par chacun an d'un grand Garde & de deux autres Gardes, au lieu des deux anciens du nombre de fix, lefquels fortiront de charge; de maniere qu'il y ait toûjours un grand Garde lequel fera annal, & fix autres Gardes qui feront triennaux, felon qu'il s'eft obfervé par le paffé: Sans que pendant le temps de leur exercice ils puiffent s'abfenter plus de fix femaines, ou être déchargez, finon qu'il y eût caufe & excufe telle qu'apparemment ils ne puffent continuer leurs charges.

### I I I.

Lefquels Maîtres & Gardes feront tenus faire frequentes vifitations en nôtredite Ville & Fauxbourgs, Prevôté & Vicomté de Paris, ou autres lieux où fe tiennent les Foires durant & hors le temps d'icelles, afin de vifiter & reconnoître les poids & aulnes, enfemble les marchandifes qui feront és maifons & boutiques des Merciers & autres Marchands de nôtredite Ville & Faux-bourgs, Prevôté & Vicomté, que pareillement des marchandifes qui feront apportées en icelle Ville par les Marchands Forains & Etrangers, & pour cét effet fe pourront faire affifter d'un de nos Commiffaires ou

53

Sergent au Châtelet , & faire faire ouverture des lieux où seront les marchandises pour être conduites au Bureau desdits Marchands , & être visitées , dont seront faits bons procez verbaux , pour être fait rapport à nôtre Prevôt de Paris , sans que pour faire lesdites visitations & ouvertures, lesdits Gardes soient tenus demander visa ou pareatis à nôtre Baillif du Palais ou son Lieutenant, ny à autres Seigneurs pretendans droit de haute Justice en nôtredite Ville , Fauxbourgs, Prevôté & Vicomté.

## I V.

Defendant aux Maîtres & Jurez des autres Etats & Mêtiers de nôtredite Ville , faire visitations sur les Marchands Merciers tenans boutiques , magasins, bancs ou eschoppes, des marchandises, ouvrages & manufactures qui seront en leursdites boutiques & maisons, ou en chemin pour y être amenées & conduites , encore qu'elles fussent de la profession ou Etat & Mêtier desdits Jurez: Ausquels pareillement nous avons defendu & defendons tenir chambre au Bureau pour entreprendre la visitation: Sans toutefois déroger aux visitations qu'ils ont accoûtumez de faire aux boutiques & chambres sur ceux de leurs Arts & mêtiers , à peine de quatre écus d'amende pour chacune fois qu'ils entreprendront ladite visitation. Comme aussi nous avons défendu aux Artisans & gens de mêtier faire trafic & expofer en vente aucunes marchandifes qui n'ayent été faites & manufacturées par eux ou leurs ferviteurs en cette ville de Paris & Faux-bourgs d'icelle.

V.

Et à tous autres Marchands Etrangers & Forains vendre ou debiter aucunes marchandifes, finon au temps ordinaire des Foires Saint Germain, Landy & Saint Denis , en perfonne ou par leurs Commis, hors lefquelles Foires lefdits Marchands Mercicrs , Groffiers & Joüailliers feuls pourront faire les ventes en gros & détail de toutes fortes de Grofferie , Mercerie & Joüaillerie , manufactures, tant dehors la Ville qu'en icelle , à leurs profits , qu'ils pourront faire faire par les Artifans & gens de Mêtier de nôtredite Ville & autres ; Lefquelles marchandifes ils pourront parer, enrichir & enjoliver avec chevilles, efparts, forces, cizeaux, bâtons & éguilles.

V I.

Neantmoins les Forains & Etrangers hors le temps des Foires, pourront faire , fi bon leur femble , voiturer en nôtredite Ville , tant par eauë que par terre , leurs marchandifes, à la charge de les faire defcendre au Bureau defdits Marchands defigné à cét effet, pour y être vifitées & marquées, & payer les droits accoûtumez, les nôtre premierement acquitez : aprés laquelle visitation & marque, ils pourront les vendre en gros, & non autrement, pendant le temps desdites Foires, huit jours devant & huit aprés, à peine de confiscation & amende arbitraire.

## VII.

Comme aussi seront tenus iceux Etrangers, aprés la huitaine des Foires, rapporter au Bureau desdits Marchands, leurs marchandises qui resteront, pour être conservées jusques aux Foires suivantes, ou bien les emporter hors la Ville, sans en pouvoir disposer ou faire vente par eux ou par autres en ladite Ville & Faux-bourgs, Prevôté & Vicomté, & afin qu'aucun ne soit admis en ladite Marchandise qui n'ait experience requise.

## VIII.

Nous defendons aux Maîtres & Gardes bailler lettres de marchandises, & recevoir audit Etat aucun qui n'ait servy par trois ans continuels, & demeuré actuellement en la maison de l'un des Maîtres, & qu'il n'ait été trouvé capable & prêter le serment pardevant nôtredit Prevôt ou du Substitut de nôtre Procureur general, & payé les droits de lettres & de services deus, tant à Nous qu'à ladite marchandise ; par laquelle reception ils seront chargez de droits & Confrerie, & de mettre un tapis aux portes de leurs boutiques, magafins, efchoppes & bancs en lieux plus apparens.

## IX.

Comme auffi nul Marchand ne pourra tenir aucun homme marié pour gagner franchife.

## X.

Pareillement nous avons defendu & defendons à
tousMarchands de faire & contraĉter affociation,pré-
ter leurs noms ou marques pour le fait defdites marchandifes, avec aucun, s'il n'eft Marchand & Maître receu audit Etat, ny de tenir Hôtellerie, ou
être Courtier, Commiffionnaire pour aucun Marchand Etranger ou Forain, à peine de privation dudit Etat & Maîtrife. Et fi aucun defdits Marchands
tenoit à prefent Hôtellerie, Nous voulons que dedans trois mois ils ayent à opter l'une ou l'autre defdites charges & qualitez, autrement le temps paffé,
feront privez de ladite Maîtrife.

## XI.

Defendant auffi à tous Hôteliers de nôtredite
Ville & Faux-bourgs, expofer en vente aucunes
marchandifes pour eux ou pour leurs Marchands
Forains & Etrangers, à peine de confifcation &
amende, lefquels Hôteliers feront tenus avertir les
Marchands Forains & Etrangers logeans en leurs
maifons, qu'ils n'en peuvent vendre en leurfdites
Hôtelleries, & maifons.

XII.

## XII.

Et en cas de contravention à nofdites Ordonnances, lefdits Maîtres & Gardes fe pourvoiroient pardevant nôtredit Prevoft : Et en cas d'oppofition ou appellation verbale, ou fur procez par écrit, fe pourvoiront en la grand'Chambre de nôtredit Parlement, & non ailleurs.

## XIII.

Tous lefquels Articles, Reglemens & Ordonnances cy-deffus, & autres portez par lefdites Lettres de nos Predeceffeurs, Nous voulons avoir lieu, pour en joüir par lefdits Maîtres & Gardes & Corps defdits Marchands Groffiers, Merciers, & Ioüailliers, comme ils ont bien & deuëment joüy par le paffé, ufent & joüiffent à prefent.

## XIV.

Si donnons en mandement par ces prefentes, à nos amez & feaux Confeillers les Gens tenans nôtredite Cour de Parlement à Paris, Prevoft dudit lieu, & à tous nos autres Jufticiers ou à leurs Lieutenans prefens & à venir, & à chacun d'eux, fi comme à eux appartiendra; Que nos prefentes Lettres de confirmation ils faffent lire, publier, enregiftrer & obferver, & du contenu en icelles joüir lefdits Maîtres & Gardes & Marchands Groffiers, Merciers & Joüailliers & leurs fucceffeurs, fans qu'il

H

y foit contrevenu ny innové aucune chofe au contraire , nonobftant tous Edits, Arrefts & Jugemens & autres Lettres impetrées ou à impetrer : Car
tel eft nôtre plaifir. Et pource que de ces prefentes l'on pourra avoir affaire en divers lieux, Nous
voulons qu'au *Vidimus* d'icelles deuëment collationnées par l'un de nos amez & feaux Confeillers
& Secretaires, foy foit ajoûtée comme au prefent Original : Et afin que ce foit chofe ferme &
ftable à toûjours, Nous y avons fait mettre nôtre
fcel, fauf en autre chofe nôtre droit, & l'autruy
en toutes. DONNE' à Paris au mois de Juillet,
l'an de grace mil fix cens un, & de nôtre Regne
le douziéme. Signé fur le reply, Par le Roy en
fon Confeil, DE NEUFVILLE, Et fcellé du
grand fceau de cire verte en lacs de foye rouge &
verte.

Et fur le reply eft écrit :

REgiftrées , *Oüy le Procureur general du Roy,*
*comme il eft contenu en l'Arreft de ce jour, à Pa-*
*ris en la Chambre des Vaccations le onziéme Sep-*
*tembre l'an mil fix cens un. Signé,* DU TILLET.
*Et plus bas* Contentor. DE HUMERY.

Et au dos eft écrit :

L*Euës & publiées en jugement au Parc Civil du*
*Châtelet de Paris, enfemble l'Arreft de la Cour*

*de Parlement dudit jour onziéme Septembre mil six cens un. Et ordonne estre enregistré és Registres dudit Châtelet, pour en joüir par les Impetrans d'icelles aux charges portées par ledit Arrest, en la presence & du consentement du Procureur du Roy audit Châtelet, oüy & ce requerant Maistre Claude Hardy Procureur desdits Maistres & Gardes de la marchandise de Mercerie, Grosserie & Ioüaillerie de cette ville de Paris, aprés que le Roy l'aîné Procureur du Corps de la Draperie, a protesté que la presente publication ne leur puisse nuire ny prejudicier; & que ledit Hardy audit nom, a protesté au contraire des protestations du le Roy, le Samedy sixiéme jour d'Octobre mil six cens un. Signé,* DROUART, LE NATTIER *&* HOUDET.

Et à côté est écrit :

*L'An mil six cens un, le Mercredy dix-septiéme jour d'Octobre avant midy, le contenu és Lettres Patentes écrites au blanc de l'autre part, & en vertu de la Permißion de Monsieur le Lieutenant Civil : Consentement de Monsieur le Procureur du Roy au Châtelet de Paris, étant au bas d'une Requeste audit Sieur Lieutenant, presentée le vingt-deuxiéme Septembre audit an mil six cens un, Signée* MIRON ; *Fut leu & publié à son de Trompe & cry public, par les carrefours de cette ville de Paris, au devant les Fontaines des Saints Innocens, vis-à-*

H ij

*vis la ruë au Feurre, & au devant de l'Hôtel-Dieu
de cette ville de Paris, par moy Robert Crevel, Crieur
Iuré du Roy és Ville, Prevofté & Vicomté de Paris, accompagné de Pierre Gilbert & Mathurin
Noiret, Trompettes Iurez ordinaires dudit Seigneur
efdits lieux.*

*Signé, C R E V E L.*

# ORDONNANCE DU ROY
# LOUIS XIII.
### Servant de Statut aux Marchands Merciers, Grossiers, Joüailliers de cette Ville de Paris.

OUIS PAR LA GRACE DE DIEU ROY DE FRANCE ET DE NAVARRE; A tous presens & à venir, Salut. Les Maîtres & Gardes de la marchandise de Mercerie, Grosserie & Joüaillerie de nôtre bonne ville de Paris : Nous ont fait remontrer, que comme nôtredite Ville est la Capitale de nôtre Royaume, en laquelle pour nôtre frequente residence, & de la grande affluance des Princes, Seigneurs, Ambassadeurs & autres personnes de toutes qualitez, il se fait grand

H iij

debit & confommation de marchandifes. Auffi eft-il neceffaire que le Corps de ladite marchandife foit bien reglé & policé. Et pour éviter aux fraudes & abus qui pourroient arriver en debitant marchandifes defectueufes & non loyales, qu'elles foient bien & deuëment vifitées. En confideration dequoy, les Rois nos Predeceffeurs ont fait & donné plufieurs Statuts, Privileges & Ordonnances, pour le reglement & police de leur Corps & defdites marchandifes, manufactures, apports, ventes, reventes & conditions d'icelles; experience, qualité & reception des perfonnes faifans trafic. Etabliffemens des Maîtres & Gardes, vifitations des marchandifes, poids, mefures, & generalement pour toute la police neceffaire; afin d'obvier aufdits abus & malverfations. Mêmement le Roy Charles VI. dés l'an mil quatre cens fept, & l'an mil quatre cens douze, commanda & ordōnna plufieurs Statuts fur le fait defdites marchandifes & vifitations, lefquels ont été depuis confirmez & augmentez par trois Lettres patentes du Roy Henry II. és années 1548. 1557. & 1558. & encores depuis par deux Lettres patentes en forme de Declaration, Confirmation & Augmentation du Roy Charles IX. données és années mil cinq cens foixante-fept & foixante-dix: & par le Roy Henry le Grand d'heureufe memoire, nôtre treshonoré Seigneur & Pere, que Dieu abfolve, par fes Lettres Patentes du mois de Juillet mil fix cens un, par toutes lefquelles, combien que pour l'utilité pu-

blique, & afin que lefdits Marchands allans en un
Pays, & n'y trouvant pas bien fouvent des efpeces
de marchandifes qu'ils y veulent & defirent acheter, ils en puffent librement avoir d'autres, & de
tant de fortes qu'ils aviferoient, pour bien-tôt en
avoir depêches, & y faire gain raifonnable, il leur
ait été permis de faire achats en tous lieux, & vente en tout temps, tant en gros qu'en détail, indifferemment de toutes fortes de marchandifes, de vifiter par lefdits Maîtres & Gardes, fur toutes perfonnes, foient Bourgeois, Forains ou Etrangers, lefdites marchandifes achetées ou amenées en cette
Ville, Prevofté & Vicomté de Paris, pour y être
venduës; & icelle vifitation interdite & defenduë
à tous les Maîtres & Jurez des autres Etats & Mêtiers. Ce neanmoins lefdits Maîtres & Gardes, &
Marchands de leurs Corps n'ont delaiffé & ne de-
laiffent encore journellement d'être moleftez, ve-
xez & travaillez en procez, tant par les Jurez defdits autres Etats & Mêtiers, que par autres faifans
trafic defdites marchandifes, fe difans privilegiez
fuivans nôtre Cour, les uns pour entreprendre ladite vifitation, nonobftant ladite interdiction, les
autres pour empêcher qu'elle ne fe faffe fur leurs
marchandifes, afin d'en pouvoir librement vendre
bonnes & mauvaifes, au prejudice du public, autres pour empêcher totalement aufdits Marchands
Merciers, Groffiers & Joüailliers, la vente d'aucunes marchandifes, & de quelques autres, finon en

gros, & par certaines formes d'étalages, & les achats des autres, sinon hors certaine distance de cette ville de Paris; pour à quoy obvier, remettre le trafic en son premier lustre, reformer les abus qui se sont glissez en la manufacture & debit des marchandises, Ils nous ont tres-humblement supplié leur vouloir continuer & confirmer lesdits Statuts, Ordonnances, Reglemens, Privileges & possessions anciennes, & pourvoir tant au retranchement des procés & diférens qui pouvoient être meus & intentez contr'eux, pour raison desdits droits & privileges, que reformation des abus & malversations qui se commettent journellement en la marchandise.

Pour ce est-il, que Nous desirant l'augmentation & accroissement de nôtre bonne ville de Paris, que les Etats & marchandises soient bien reglez, & tout sujet de plaider pour raison desdites marchandises, achats, trocs, échanges, apports, visitations, étalage, ventes & debits d'icelles, ôté & retranché.

Avons de nôtre certaine science, pleine puissance & authorité Royale, continué & confirmé, continuons & confirmons ausdits Maîtres & Gardes Supplians, lesdits Privileges, Statuts, Ordonnances & Reglemens portez par lesdites Lettres Patentes & Articles accordez, & donnez par nosdits Predecesseurs esdites années mil quatre cens sept, quatre cens douze, cinq cens quarante-huit,

cinquan-

cinquante-fept, cinquante-huit, foixante-fept, foixante-dix, & fix cens un, cy-attachez fous nôtre
contre-fcel.

Art. I. Conformément aufquels & à plufieurs
Arrefts, Sentences & Reglemens fur le fait de ladite
marchandife, en confequence d'iceux, & pour l'utilité publique, Nous voulons & ordonnons que pour
la direction dudit Corps de marchandife, & faire
obferver nos Ordonnances, foient appellez & éleus
aux charges de grand Garde & autres Gardes des
plus experimentez, bien fameux & notables Marchands, fans qu'ils puiffent eftre déchargez, s'ils
ne font feptuagenaires, ou qu'il y ait quelqu'autre
excufe legitime qui puiffe donner lieu à ladite décharge.

II. A l'élection defquels feront appellez des plus
anciens & notables Marchands, jufques au nombre de foixante au moins, lefquels feront tenus s'y
trouver, à peine chacun de foixante fols d'amende, applicable aux pauvres du Corps defdits Marchands Merciers, pour en la prefence du Subftitut
de nôtre Procureur General en la Prevôté & Vicomté de Paris, eftre fait élection par chacun an,
d'un grand Garde & de deux autres Gardes, au lieu
de deux des anciens du nombre de fix, lefquels
fortiront de charge, de maniere qu'il y ait toûjours
un grand Garde lequel fera annuel, & fix Gardes
qui feront triennaux, felon qu'il eft obfervé par le
paffé, fans que pendant le temps de leur exercice,

I

ils se puissent absenter plus de six semaines, & estre déchargez, sinon qu'il y eût cause & excuse telle qu'apparemment ils ne pûssent continuer leurs charges.

III. Ausquels Maîtres & Gardes, Nous defendons de bailler Lettres de Maîtrises dudit Etat, & ne voulons qu'aucun y soit receu, ny admis qu'il ne soit né François, n'ait esté Apprentif par trois ans continuels, & demeuré actuellement en la maison de l'un des Maîtres, servy aprés lesdits trois ans d'apprentissage, trois autres années les Maîtres, & qu'il n'ait esté trouvé capable par lesdits Maîtres & Gardes, payé les droits accoûtumez, & que ce ne soit aux charges de faire & prêter le serment pardevant nôtre Prevost de Paris, ou son Lieutenant Civil, ou Substitut de nôtre Procureur General, de tenir boutique ouverte, & de mettre un tapis vert sur ruë, & outre de payer & acquitter tous les ans les droits anciens & accoûtumez.

IV. S'il se trouve aucuns entreprenans l'exercice dudit Etat sans avoir payé lesdits droits anciens & ordinaires, seront contraints à s'en desister par saisie de leurs marchandises, clôture de leurs boutiques, & par mulcté d'amende de vingt livres parisis, ou autre plus grande.

V. Ne pourront les Maîtres dudit Etat, tenir aucun Apprentif qui soit marié ou étranger pour gagner la franchise de Maîtrise; & s'ils font le contraire, seront tenus de tous les dépens, dommages & interefts defdits Mariez ou Etrangers, & d'amende arbitraire, fi n'eftoit qu'ils montraffent par actes fuffifans, les en avoir averty dés le commencement.

VI. Ne pourront femblablement lefdits Marchands Merciers, & leur avons defendu & defendons de faire & contracter affociation avec aucun, s'il n'eft Marchand & Maître receu audit Etat, ny de prêter leurs noms ou marques pour le fait defdites Marchandifes, à peine de privation de ladite Maîtrife & d'amende arbitraire.

VII. Pareillement leur avons defendu de fe fervir des noms ou marques des Etrangers & Forains, fi ce n'eftoit que pour paffer les détroits & dangers des ennemis, ils y fuffent contraints ; auquel cas ils feront tenus en avertir lefdits Maîtres & Gardes en leur Bureau, auparavant l'arrivage defdites marchandifes, à peine d'eftre icelles declarées Foraines.

VIII. Comme auffi Nous leur defendons de tenir Hôtelleries, eftre Courtiers ou Commiffionnaires pour aucuns Marchands, Etrangers ou Forains, à peine de privation d'iceluy Etat & Maîtrife, & d'amende arbitraire.

IX. Seront pareillement privez dudit Etat & Maîtrife s'ils viennent à iceluy delaiffer, comme ils feroient s'ils s'adonnoient à autre vacation incompatible avec ledit Etat.

X. Ne pourront iceux Marchands Merciers, Groffiers & Joüailliers tenir, foit dans le Palais, ou en la Ville & Faux-bourgs de Paris, chacun d'eux plus d'une boutique, fous quelque pretexte que ce foit, fuppofé même que leurs femmes fuffent capables d'en tenir de leur part.

XI. Et ne vendront marchandifes en magazins, chambres, hôtelleries, & lieux détournez, ains en leurs boutiques & lieux parans & ouverts de leurs maifons, à ce que lefdites marchandifes puiffent eftre veuës & vifitées par lefdits Maîtres & Gardes quand befoin fera, fur peine de trente livres parifis d'amende.

XII. Lefquels Marchands Merciers receus audit Etat, tenans boutique ouverte, pourront & leur a-vons permis & permettons acheter, troquer, ou é-changer, tant en nôtre Ville, Prevôté & Vicomté de Paris, Villes circonvoifines d'icelles, & en tous au-tres lieux de nôtre Royaume, & Païs lointains & étrangers, ainfi que bon leur femblera, & trou-veront pour le mieux, étaler comme ils verront bon être, vendre & debiter, troquer & échan-ger en icelle Ville, Prevôté & Vicomté de Pa-ris, Villes de nôtre obeïffance, & tous autres païs Etrangers, en gros ou détail, toutes fortes de mar-chandifes, d'Or, d'Argent, Soyes, Oftades, Ser-ges de Florence razes, & Etamets de Milan, Ser-ges de Seigneur, de Layde, de Moüy, de Chartres, d'Orleans, d'Afcot, & de toutes autres fortes, païs & façons, Camelots, Burails, Montcayarts,

Etamines, Fûtaines, Doubleures, Frizes, Revêches, Boucaſſins, Treillis, Bougrans, Draps de
borde d'Eſpagne, Angleterre, & autres païs Etrangers, Toilles de toutes ſortes, ouvrées & non ouvrées, tant Françoiſes qu'Etrangeres, groſſes,
moyennes & fines, Chemiſes, Mouchoirs, Collets,
& toute autre ſorte de Lingerie, Chanvres, Lin,
Fil de toutes ſortes, teints & non teints, Cordes,
Cordages, Ficelles, Sangles, Panneaux & Filets,
tant de chaſſe que de pêche, Caſtors à faire chapeaux, Laines filées & non filées, teintes & non
teintes, Bonnets, Chapeaux, Bas de chauſſe tant
de Soye, Laine, que Fil, ou autre étoffe, Cami-
zolles, Cottons auſſi filez & non filez, Marro-
quins, Cuirs de Levant, Chamois, Buffes, Buffetins, Chevrotins, Vélins, peaux de Moutons pa-
rées, Cuir de Megis, & generalement toutes ſortes
de Cuirs; Fourrures, Pelleteries, Gants, Mitaines,
& tous ouvrages faits des ſuſdites étoffes, Vins, Tapiſſeries, Coutils, Courtepointes, Couvertures, Ca-
ſtelognes, & autres Franges, Paſſemens, Dentel-
les, Laſſis, Points-coupez, Rubans, Cordons, Boutons d'Or, d'Argent, de Soye, Fil, Crain, & de toutes autres étoffes, & de tous païs & façons, même
l'Or & l'Argent, tant fin, que faux, filé ſur ſoye ou
ſur fil, enſemble Or ou Argent de Chipre, Soyes
creuës & non écreuës teintes & non teintes, & pareillement toute ſorte de Joüaillerie, d'Or, Argent Pierres
precieuſes, Perles, Joyaux d'Or & Argent, Vaiſſelle

d'Or, d'Argent, & d'autres metaux, Corails, Grenads, Agathes, Calcidoines, Criftail, Ambre, Amatiftes, & toutes fortes de Pierres taillées & non taillées, & toutes fortes de Patenôterie, Droguerie, Epicerie, Brefil, Paftel, Cochenilles, Graine d'Ecarlatte, Garance, & toutes efpeces de teintures, Fer, Acier, Cuivre, Airain, Laton ouvrez & non ouvrez, neufs ou vieils, même fil de Laton, Mitrailles, Epées, Dagues & Poignards, Lames, Gardes, & garnitures d'iceux, & toutes autres fortes d'Armes pour Hommes & Chevaux, Eperons, Etriers, Mors de Chevaux, Fers, Clouds, Cizeaux, Lancettes, Canivets, Razoirs, Coûteaux, Epingles, Eguilles, Eguillettes, Ceintures, Porte-épée, Peignes, Eponges, Serrures, Cadenats, Fermetures d'huis, portes, feneftres, coffres & cabinets, Dinanderie, Quinquaillerie, Coûtellerie, & de toutes autres fortes de marchandifes de Cuivre, Fer, Fonte, Acier; & toutes autres œuvres de Forge & Fonte, Miroirs, Images, Tableaux tant en boffe, qu'autrement, Peintures, Heures, Pfeautiers, Catechifmes, & autres Livres de Prieres, Plumes, Gaines, Etuits, Boëtes, Ecritoires, & generalement toutes autres fortes & efpeces de marchandifes. Toutes lefquelles marchandifes, denrées & étoffes, & autres efpeces cy-deffus fpecifiées, Nous avons declaré & declarons être comprifes fous le nom de Mercerie, & le droit de les vendre & debiter, tant en gros qu'en détail, troquer

& échanger, appartenir aufdits Maîtres & Gardes de la marchandife, & particuliers Merciers étans de leur Corps.

XIII. Enjoignons aufdits Maîtres & Gardes vifiter fouvent en nôtredite Ville, Fauxbourgs, Baillage du Palais, Prevôté & Vicomté de Paris, & autres lieux où fe tiennent les Foires durant & hors temps d'icelles, les aulnes, poids & mefures, enfemble les marchandifes fur tous Marchands indifferemment, tant dudit Corps de la Mercerie, Groffe-rie & Joüaillerie, Forains & Etrangers, qu'au-tres privilegiez & non privilegiez, même fur ceux qui fuivent nôtre Cour, afin d'empêcher qu'il ne foit acheté ou vendu à faux poids, ou mefu-res, marchandifes qui ne foient loyales, & des lar-geurs & longueurs qu'elles doivent être fuivant les anciens Reglemens, à ce qu'aucun n'y foit de-ceu & trompé; leur permettant pour cét effet, & pour empêcher qu'il ne foit entrepris fur leur Etat & fonction, ny contrevenu à ces prefentes, qu'ils fe puiffent faire affifter d'un de nos Commiffaires, ou Sergens du Châtelet ou autres, pour leur don-ner confort, ayde, & prifon fi befoin eft, faire fai-re ouverture, tant de jour que de nuit de tous ma-gazins, chambres, boutiques, coffres, comptoirs, ormoires, & autres lieux où ils fçauront, penfe-ront & pourront fçavoir & penfer y avoir marchan-difes latitées & cachées, les faire faifir, tranfpor-ter en leur Bureau, ou bailler en garde à perfonnes capables & fuffifans pour en répondre, ou proceder par voye de fcellé, le tout à telle fin que de raifon, dont feront faits & dreffez bons procez verbaux, & fait rapport à nôtre Prevôt de Paris, ou fon Lieutenant Civil, ou Subftitut de nôtre Procureur General audit Châtelet, fans que pour faire lefdites vifitations, ouvertures, faifies & tranfports, ils foient tenus demander Vifa ou Pareatis à nôtre Bailly du Palais ou fon Lieutenant, ny autres Officiers ou Seigneurs pretendans droit de haute Juftice en nôtredite Ville, Fauxbourgs, Prevôté & Vicomté de Paris.

XIV. Et pour ce que lefdits Marchands Merciers, Groffiers & Joüailliers ne font aucuns ouvrages ou manufactures, finon les paremens, enrichiffemens & enjolivemens de leurs marchandifes, que Nous leur avons permis & permettons faire avec chevilles, efparts, forces, cizeaux, bâtons, éguilles & autres outils à ce neceffaires : Nous défendons aux Maîtres & Jurez des autres Etats & Mêtiers de nôtredite Ville, faire aucunes vifitations fur lefdits Marchands Merciers tenans boutiques, bancs ou échoppes de marchandifes, ouvrages, manufactures qui feront en leurfdites boutiques & maifons, ou en chemin, pour y être amenées & conduites, encore qu'elles fuffent de la Profeffion, Etat & Mêtier defdits Jurez, fors & refervé feulement les marchandifes & drogues entrans au corps humain, qui feront veuës & vifitées, affiftans le Doyen de la Faculté de Medecine,

ne , qui pour lors fera , deux des Docteurs de ladite
Faculté , qui à ce feront commis par chacun an, deux
Maîtres Merciers & Groffiers , & deux Maîtres Ju-
rez Apoticaires de cette Ville.

XV. Aufquels Jurez des Arts & Mêtiers , Nous a-
vons défendu & défendons de tenir chambre ou Bureau pour entreprendre la vifitation , fans toutesfois
déroger aux vifitations qu'ils ont accoûtumé faire
aux boutiques & chambres de ceux de leurs Arts &
Mêtiers , à peine de douze livres d'amende pour chacune fois qu'ils entreprendront ladite vifitation.

XVI. Comme auffi Nous avons défendu & défendons aufdits Artifans & gens de Mêtier , faire trafic & expofer en vente aucune marchandife qui n'ait
été faite ou manufacturée par eux ou leurs ferviteurs
domeftiques en cette Ville & Fauxbourgs de Paris ,
à peine de confifcation & d'amende arbitraire.

XVII. Lefquelles marchandifes ainfi par eux &
leurfdits ferviteurs domeftiques faites en leurs maifons, ils feront tenus marquer de leurs marques , afin
qu'on puiffe connoître de quels ouvriers elles feront
procedées , pour en cas de mal façon & defectuofité
defdits ouvrages , s'en adreffer à eux, comme tenus
& refponfables qu'ils en feront , en quelques mains
que feront trouvez lefdits ouvrages defectueux.

XVIII. Défendons aux Forains & Etrangers , &
aux Bourgeois qui ne font receus Maîtres dudit Etat,
& qui n'ont Lettres de Mercerie, de vendre & diftribuer aucunes de leurs marchandifes en nôtre Ville &

K

Faux-bourgs, sinon és lieux & au temps ordinaire des Foires de Saint Denis, Saint Germain, & du Landy, & aprés avoir été visitées par lesdits Maîtres & Gardes.

XIX. Pourront neanmoins hors lesdites Foires, & en tous temps amener en nôtredite ville de Paris toutes sortes de marchandises, à la charge toutesfois qu'icelles arrivées, les Voituriers tant par eau que par terre seront contraints les faire descendre aux Bureaux desdits Maîtres & Gardes, ausquels ou à l'un d'iceux lesdits Voituriers seront tenus de montrer & exhiber leurs Lettres de Voiture, pour être lesdites marchandises par eux visitées, & celles qui pourront porter scel, scellées ou marquées, & demeurer audit Bureau jusques audit temps des Foires. Et pour le regard des defectueuses & non loyales, en être fait rapport par lesdits Maîtres & Gardes à Justice, pour être procedé à la confiscation d'icelles, ou autrement en être ordonné ce que de raison.

XX. Quavenant lesdites Foires, lesdits Forains, Etrangers & Bourgeois non receus Maîtres, & qui n'ont Lettres de Mercerie, pourront huit jours devant icelles faire retirer dudit Bureau leursdites marchandises, qui par ladite visitation se seront trouvées bonnes & loyales, en payant ausdits Maîtres & Gardes un denier tournois pour chacune livre tournois, tant pour la visitation que garde de ladite marchandise ; de laquelle lesdits Maîtres & Gardes seront responſables & contraints à la reſtitution d'icelles.

XXI. Et ſera permis auſdits Forains, Etrangers, & Bourgeois non receus Maîtres, & qui n'ont Lettres de Mercerie dudit Etat, de vendre & diſtribuer leurſdites Marchandiſes ainſi viſitées durant leſdites Foires, & huit jours aprés icelles, en gros, & non en détail : Auſſi les huit jours paſſez ſeront tenus faire remballer & empaqueter le ſurplus deſdites marchandiſes, & icelles rapporter audit Bureau, pour être venduës aux autres Foires ſuivantes, ou bien les renvoyer où bon leur ſemblera, ſans aucunement en diſpoſer par eux ou autres de leur part en ladite Ville & Fauxbourgs hors Foires, és lieux d'icelles, ſur peine de confiſcation & d'amende arbitraire.

XXII. Que ladite vente en gros qui ſe fera pendant & aprés les huit jours deſdites Foires ne ſe pourra faire par leſdits Forains & Etrangers, ou autres non receus Maîtres dudit Etat, que ſous cordes en balles ou ballons, tonneaux, barils, caiſſes, ſacs, gommes & douzaines, & que les pieces, ſacs ou gommes ne ſoient de la contenuë qui enſuit.

XXIII. C'eſt à ſçavoir les Fûtaines courtes & Fûtaines d'Allemagne de douze aulnes la piece, Toilles teintes d'Allemagne de onze aulnes & demie. Les Boucaſſins, Fûtaines doubles, Fûtaines razes, Fûtaines rayées, Bordes doubles & Sangles, Fûtaines de Gueldre, Boucaſſins de Gueldre, chacune piece de vingt-quatre aulnes ; Serge d'Arras de vingt-trois à

vingt-quatre aulnes. Celles d'Angleterre & d'Ir-
lande de vingt-un à vingt-deux aulnes, & des largeurs anciennement accoûtumées. Les Serges étroites d'Orleans & Chartres de vingt aulnes de longueur, & demie aulne de largeur, & les doubles ensemble, les Revêches qui se font en ce Royaume
de pareille longueur & d'une aulne de largeur. Les
Etamines larges qui se font en Auvergne de soixan-
te-huit à soixante-douze aulnes de long du moins,
& les étroites de quarante-six aulnes de long. Celles à Bluteau qui se font à Rheims, & Pays d'environ, de vingt-une aulne : & celles à faire habits les
pieces simples de onze aulnes, & les pieces & demie
de seize aulnes & demie, le tout mesure de Paris, &
des lez & largeurs anciennement accoûtumées, &
qu'elles ne soient entresuivans deuëment selon la
montre, sur peine d'être lesdites pieces de marchandises essoreillées, & de cent sols parisis d'amende. Les
Camelots d'Amiens simple fil & fil retors, & ceux
de façon de l'Isle de demie aulne de largeur, & d'onze
aulnes de longueur. La double piece de vingt-deux
aulnes. Les Serges à deux fils & à trois fils d'une aulne
de largeur, & de vingt-une aulne de longueur. Celles
de Moüy & Sedan de pareille longueur, comme
aussi toutes sortes de Serges qui se fabriquent dans
nôtredite ville d'Amiens, de vingt-une aulne, & pareillement une gomme, desquelles la moindre de six
millions & toutes d'une sorte, le sac de sonnettes de
la quantité de douze douzaines & non moins. Les

Razoirs, Cizeaux, Lancettes & autres œuvres de
Forge, à la douzaine entiere & non autrement, à
peine de vingt fols parifis d'amende pour chacune
douzaine.

XXIV. Défendons à tous Hôteliers de nôtredite
Ville & Fauxbourgs d'expofer ny fouffrir être expofé
en ventes aucunes marchandifes pour eux, ou pour
les Marchands Forains & Etrangers, à peine de confifcation & d'amende, & de s'en prendre à eux; lefquels Hôteliers feront tenus avertir lefdits Marchands
Forains & Etrangers logeans en leurs maifons, qu'ils
n'y en peuvent vendre, & qu'ils font tenus faire me-
ner leurs marchandifes au Bureau defdits Maîtres
& Gardes fcis ruë Quinquempoix.

XXV. Ne pourront lefdits Gardes permettre à aucuns defdits Etrangers, faire en nôtredite ville de
Paris Etat de Couratier, ny recevoir en cette charge
autres que ceux qu'ils connoîtront gens de bien, &
fuffifans pour répondre des fautes & larcins fi aucuns font commis.

XXVI. Ne pourront auffi les Couratiers faire en
leur nom ny pour autruy aucun état de marchandife,
fi celuy pour lequel ils vendront n'eft Bourgeois &
Maître dudit Etat en nôtredite ville de Paris, & ce
pour éviter aux abus & monopoles qu'ils pourroient
faire & commettre avec les Etrangers.

XXVII. Et afin d'empêcher les larcins & recelé des
marchandifes, défenfes feront faites & les faifons à
toutes perfonnes, d'acheter ou prendre en gage au-

cune forte ou efpece de marchandife d'aucuns ferviteurs, revenderefles, ou perfonnes inconnuës. Enjoint à ceux à qui lefdits marchandifes feront portées de les retenir, & avertir lefdits Maîtres & Gardes, fur peine de reftitution de ladite marchandife,
& de vingt livres parifis d'amende, fi lefdits ferviteurs ou autres perfonnes n'apportent mandement
ou certification du Maître à qui appartiendra ladite
marchandife, que les acheteurs ou ceux qui prendront lefdits gages feront tenus de retenir & garder pour décharge.

XXVIII. Et dautant que pour la neceffité des affaires il eft befoin faire affemblée d'aucuns dudit E-
tat, ceux qui auront été appellez au nombre fufdit
de foixante au moins, & defaudront à fe trouver au
jour, lieu & heure defigné, feront condamnez en
vingt fols parifis d'amende, applicable aux pauvres dudit Corps, finon qu'ils foient legitimement excufez.

XXIX. Que ce qui fera accordé & ordonné auf-
dites affemblées par les anciens Gardes de ladite marchandife & autres, jufques au nombre de quarante
ou cinquante des plus notables, fera obfervé par les
autres, à peine d'amende arbitraire.

XXX. Que de toutes les confifcations & amendes
des contraventions à ces prefentes, malverfations &
forfaictures, nous aurons la moitié, & ledit Corps
& Communauté l'autre fuivant les Statuts dudit E-
tat, & qu'il s'eft depuis obfervé, encore qu'il n'en
fût aucune chofe prononcé, refervé celles qui par ces

prefentes font applicables aux pauvres dudit Corps & Communauté.

XXXI. Et en cas de contravention à cefdites pre-fentes, & à leurs autres Statuts, Privileges, Ordonnances & Reglemens, lefdits Maîtres & Gardes fe pourvoiront pardevant nôtredit Prevôt. Et s'il y a op-pofition ou appellation verbale, ou fur procez par écrit, fe pourvoiront en la grand'Chambre de nô-tredit Parlement.

XXXII. Tous lefquels Articles, Reglemens & Or-donnances cy-deffus, Nous voulons avoir lieu & être executées, pour en joüir par lefdits Maîtres & Gardes, & Corps defdits Marchands Merciers, Grof-fiers & Joüailliers prefens & à venir, ainfi qu'il eft contenu cy-deffus, & comme ils en ont toûjours bien & deuëment joüy & ufé, joüiffent & ufent encore à prefent.

SI DONNONS en mandement par ces pre-fentes à nos amez & feaux Confeillers, les Gens tenans nôtredite Cour de Parlement à Paris, Prevoft dudit lieu, & à tous nos autres Jufticiers & Officiers prefens & à venir, & à chacun d'eux, fi comme appartiendra, que nos prefentes Lettres ils faffent lire, publier, enregiftrer, garder & obferver, & du contenu en icelles joüir lefdits Maîtres & Gardes, & Marchands Merciers, Groffiers & Joüailliers & leurs fucceffeurs, fans qu'il y foit contrevenu ny innové aucune chofe, nonobftant lefdites Sentences, Jugemens & Arrefts qui pourroient avoir efté donnez au contraire. CAR TEL EST nôtre plaisir : Et pource que de ces presentes l'on pourra avoir affaire en divers lieux. Nous voulons qu'au *Vidimus* d'icelles deuëment collationnées par l'un de nos Amez & Feaux Conseillers & Secretaires, foy soit ajoûtée comme au present original : Et afin que ce soit chose ferme & stable à toûjours, nous avons fait mettre nôtre scel. Donné à Paris au mois de Janvier, l'an de grace mil six cens treize. Et de nôtre Regne le troisiéme, Signé LOUIS. Par le Roy la Reine Regente sa Mere presente. Et à côté *Visa*.

DE LOMENIE.

Et plus bas est écrit,

*Registré, Oüy le Procureur General du Roy, pour jouyr par les Impetrans de l'effet du contenu en icelles. À Paris en Parlement le septiéme jour de Mars mil six cens treize.*

Signé, DU TILLET.

ORDON-

# ORDONNANCE DU ROY
# LOUIS XIV.

Servant de Statut aux Marchands
Merciers, Grossiers, Joüailliers
de cette Ville de Paris.

OUIS PAR LA GRACE
DE DIEU ROY DE FRANCE
ET DE NAVARRE; A tous presens & à venir, Salut. Nos Predecesseurs Rois reconnoissant que
le commerce est l'un des plus
grands moyens d'accroître & en-
richir les Etats & les Villes , Auroient concedé &
accordé aux Maîtres & Gardes de la marchandise
de Mercerie , Grosserie & Joüaillerie de nôtre bonne
Ville , Faux-bourgs & Banlieuë de Paris, capitale de
nôtre Royaume , plusieurs beaux Statuts , Privileges,

L

& Reglemens, afin que comme ils y avoient étably leur demeure ordinaire, & qu'il y a continüement un grand abord & affluence de nos Sujets & des Etrangers , l'ordre & la Police qui maintiennent toutes choses, & qui ont été établies pour l'achat & vente des Marchandises, dont ceux dudit Corps font trafic, soient entretenus, en sorte qu'il ne s'y commette aucune fraude, abus ny malversation : Ce qui a donné sujet ausdits Maîtres & Gardes de Nous supplier & requerir qu'à l'imitation de nosdits Predecesseurs , il nous plût les conserver en la possession & joüissance desdits Statuts & Privileges, particulierement exprimez par les Lettres patentes du feu Roy d'heureuse memoire, nôtre tres-honoré Pere & Seigneur, que Dieu absolve, si avec les précedentes, les Arrests d'enregistrement & copie de la quittance du droit de confirmation qu'ils nous ont payé à nôtre avenement à la Couronne, attachées sous nôtre contre-scel , il nous plût leur pourvoir de nos Lettres necessaires. SçAVOIR FAISONS , que voulans favorablement traiter les Exposans, de l'avis de la Reine Regente nôtre tres-honorée Dame & Mere, & de nôtre grace speciale, pleine puissance & autorité Royale, leur avons confirmé & continué, confirmons & continuons par ces presentes lesdits Statuts, Privileges & Reglemens, Voulons & Nous plaît qu'ils en joüissent & usent plainement & paisiblement, comme ils en ont bien & deuëment joüi & usé, joüissent & usent encore de prefent. S I D O N N O N S en mandement à nos Amez & Feaux Confeillers les Gens tenans nôtre Cour de Parlement à Paris , Prevôt dudit lieu, ou fon Lieutenant ; & à tous nos autres Jufti-ciers & Officiers, chacun d'eux fi comme à eux il appartiendra, que ces prefentes ils faffent lire, pu-blier & enregiftrer, & du contenu en icelles joüir & ufer lefdits Maîtres & Gardes, & Marchands Mer-ciers, Grofliers & Joüailliers, & leurs Succeffeurs, fans qu'il y foit contrevenu : C A R tel eft nôtre plaifir. Et afin que ce foit chofe ferme & ftable à toûjours, Nous avons fait mettre nôtre Scel à cef-dites prefentes ; fauf Nôtre droit en autre chofe & l'autruy en toutes. D O N N E' à Paris au mois d'Août, l'An de Grace mil fix cens quarante-cinq ; Et de nôtre Regne le troifiéme. Signé LOUIS : Et fur le reply, Par le Roy, la Reine Regente fa Mere prefente : Signé , P H E L I P P E A U X. Et fcellé du grand Scel de cire verte en lacs de foye rouge & verte.

*Collationné aux Originaux par moy Confeiller , Secretaire du Roy , Maifon & Couronne de France & de fes Finances.*

# DECLARATION
## DU ROY,
## LOUIS XIV.

*Du premier May 1653.*

Donnée en execution des Statuts des Marchands Merciers, Grossiers, Joüailliers de cette Ville de Paris.

OUIS PAR LA GRACE DE DIEU ROY DE FRANCE ET DE NAVARRE: A tous ceux qui ces presentes Lettres verront, Salut. Nos predecesseurs Roys connoissans que le commerce est l'un des plus puissans moyens d'accroître & enrichir les Etats & les Villes, comme aussi que les choses établies avec ordre & police, sont celles qui se maintiennent, Auroient concedé & accordé aux Maîtres & Gardes de la Marchandise de Mercerie, Grosserie & Joüaillerie de nôtre bonne Ville, Faux-

bourgs, & banlieuë de Paris, plusieurs Statuts,
Privileges, & Reglemens, pour l'achat & vente des
marchandises dont ceux de leur Corps font trafic;
& par iceux voulu entre autres choses que la liberté
de vendre en ladite Ville, les marchandises dépen-
dantes de ladite Mercerie, Grosserie & Joüaillerie,
appartint seulement à ceux qui sont receus Maîtres
dudit Etat, sans que les Marchands Forains en puf-
sent vendre, sinon en temps des Foires de S. Germain, S. Denis, & du Landy, avec prohibition &
défense d'en amener en autre temps, sinon en les
faisant descendre au Bureau desdits Maîtres & Gardes, pour y être veuës & visitées, y demeurer en-
suite jusques au temps desdites Foires, & payer un
denier tournois pour livre, tant pour visitation que
pour la garde desdites marchandises. Ce que nosdits predecesseurs Roys auroient voulu être observé si exactement, qu'en cas de contravention ils
ont ordonné la confiscation des marchandises, que
les contrevenans fussent aussi condamnez à l'amende,
& même la confiscation des batteaux, chevaux
& charettes des Voituriers, lesquels amenant desdites marchandises en autres temps que de Foires,
les descendroient ailleurs qu'audit Bureau; & dans
l'intention qu'ils ont euë de conserver ledit Negoce
en nôtredite Ville de Paris, & au Corps desdits Marchands Merciers, Grossiers, & Joüailliers. FAIT
défenses expresses à tous ceux dudit Corps, de
contracter association avec Etrangers ou Forains,

ny leur prêter leurs noms & marques ; & à tous Hôtelliers, & autres perfonnes, d'en faire vente par commiffion, pour Marchands Etrangers, Forains, ou autres, ny de fouffrir qu'il s'en fît chez eux & en leurs hôtelleries, fous les mêmes peines de confifcation, d'amende & d'être décheus de la Maîtrife. NEANMOINS lefdits Maîtres & Garde Nous ayant fait entendre que journellement plufieurs particuliers habitans de nôtredite Ville, & même aucuns dudit Corps par confideration de parenté, alliance ou interêt, contractent au mépris defdits Statuts & Reglemens des focietez avec des Marchands Forains & Etrangers, en conféquence defquelles ils reçoivent & débitent les marchandifes qui leur font envoyées ; ce que d'autres font par commiffion, dont le public reçoit un préjudice notable, lefdites marchandifes n'étant vifitées, & lefdits Maîtres & Gardes, ainfi que tous les autres Marchands Merciers & Joüailliers de nôtredite Ville de Paris, en ce qu'ils demeurent fans commerce, lefdits Forains & Etrangers faifant par cette voye tout le negoce qui appartient aufdits Maîtres & Gardes, & à ceux de leur Corps ; bien qu'il foit abfolument défendu aufdits Etrangers & Forains par lefdits Statuts & Reglemens, qui ne leur en donnent la liberté qu'en temps de Foires : Comme auffi, qu'ayant fait proceder par voye de faifie fur plufieurs marchandifes trouvées és mains de perfonnes qui les reçoivent de la part des Etrangers & Forains, en conféquence d'affociation, ou autrement, ou pour les vendre par commiffion. Et en ayans prétendu la confifcation aux termes defdits Statuts, NÔTRE PREVOST de Paris auroit fimplement condamné quelques-uns en des amendes, & d'autres à payer aufdits Maîtres & Gardes le denier pour livre defdites Marchandifes par eux venduës, fous pretexte d'affociation ou de commiffion, au lieu de ladite confifcation, par une efpece de compenfation du droit de vifite à eux accordé fur les marchandifes qui peuvent être amenées par les Marchands Etrangers & Forains hors le temps des Foires, & qui doivent demeurer dans leur Bureau, pour y être vifitées & confervées jufques au temps d'icelles, bien que la confifcation des chofes faifies deût être jugée aux termes defdits Statuts, & l'adjudication du denier pour livre du prix des marchandifes venduës par commiffion ou affociation avant lefdites faifies par les contrevenans. Mais comme ces condamnations ne font pas capables d'arrêter & empêcher le defordre que caufe l'envoy defdites marchandifes ainfi fait par lefdits Marchands Forains & Etrangers, & que le public en fouffre un notable interêt, lefdites Marchandifes étant d'ordinaire defectueufes, & n'ayant pas les qualitez qu'elles doivent avoir; ce qui s'eft même rencontré pendant la Foire de S. Germain derniere, en laquelle lefdits Maîtres & Gardes ayans fait la vifite accoûtumée, il ne s'eft point ou fort peu trouvé de Marchandife de la qualité requife. A quoi defirant pourvoir ; & ayant mis l'affaire en deliberation en nôtre Confeil , auquel ont été veus lefdits Statuts, Ordonnances & Jugemens : NOUS, de l'avis d'icelui, & de nôtre certaine fcience, pleine puiffance, & authorité Royale, AVONS dit, declaré & ordonné, difons, declarons & ordonnons par ces prefentes pour ce fignées de nôtre main, Voulons & Nous plaît, qu'en executant lefdits Statuts & Reglemens concedez & accordez par nos predeceffeurs Rois, Charles IX. des années 1567. & 1570. & par nos tres-honorez Seigneurs Ayeul & Pere , Henry IV. & Loüis XIII. de tres-heureufe memoire, des années 1601. & 1613. confirmez aufdits Maîtres & Gardes depuis nôtre avenement à la Couronne , par nos Lettres patentes du mois d'Août 1645. Que dorênavant en cas de contravention aufdits Statuts & Reglemens par aucuns defdits habitans de nôtredite Ville de Paris, Marchands Merciers, ou autres, & de faifie des marchandifes venduës par quelques particuliers, mêmes Merciers Groffiers & Joüailliers , foit en conféquence d'affociation avec Forains & Etrangers , ou par commiffion ; non feulement les contrevenans foient declarez décheus de ladite Maîtrife , mais encore les marchandifes qui feront faifies confifquées, avec condamnation d'amende, ainfi qu'il eft porté par lefdits Statuts & Reglemens , & le droit dudit denier pour livre payé aufdits Maîtres & Gardes , du prix de toutes les marchandifes qui auront été ven-

duës

duës fous pretexte d'affociation ou commiffion : Et qu'à cette fin lefdits Maîtres & Gardes , ainfi qu'il leur eft permis par lefdits Statuts & Reglemens , & que Nous leur permettons encore par ces prefentes, puiffent proceder par voye de faifie fur les livres de ceux lefquels fe trouveront en contravention, pour les examiner, connoître ce qu'ils en auront vendu, & fervir à la liquidation dudit droit de denier pour livre defdites marchandifes venduës en conféquence d'affociation ou commiffion. SI DONNONS EN MANDEMENT à nos amez & feaux Confeillers les Gens tenans nôtre Cour de Parlement à Paris, que nos prefentes Lettres de Declaration ils faffent verifier, publier & enregiftrer , & du contenu en icelles faire joüir & ufer lefdits Maîtres & Gardes pleinement & paifiblement, & y obéïr par ceux qu'il appartiendra, fans y faire ny apporter aucune difficulté. CAR tel eft nôtre plaifir ; En témoin dequoy Nous avons fait mettre nôtre fcel à cefdites prefentes. DONNE' à Paris le premier jour de May , l'An de grace mil fix cens cinquante-trois ; & de nôtre Regne le dixiéme. Signé LOUIS : Et plus bas, Par le Roy, DE GUENEGAUD. Et fcellé du grand fceau de cire jaune. Et fur le reply eft écrit :

*Regiftrées , oüy & ce confentant le Procureur General du Roy, pour y être executées felon leur forme & teneur, aux charges & conditions portées par la Requête du 30. Juin dernier, prefentée par lefdits*

M

*Impetrans. A Paris en Parlement le 14. Juillet 1653.*
*Signé,* DU TILLET.

---

## EXTRAIT DES REGISTRES
### de Parlement.

VEU par la Cour les Lettres patentes du Roy en forme de Declaration, données à Paris le premier May mil six cens cinquante-trois, signées LOUIS: Et plus bas, Par le Roy de GUENEGAUD, & scellées sur double queuë du grand sceau de cire jaune, obtenuës par les Maîtres & Gardes de la marchandise de Mercerie, Grosserie & Joüaillerie de la Ville de Paris. Par lesquelles & pour les causes y contenuës, ledit Seigneur aprés avoir fait voir en son Conseil les Statuts, Ordonnances & Reglemens concedez par les Roys ses predecesseurs, Charles IX. Henry IV. & Loüis XIII. d'heureuse memoire, ausdits Maîtres & Gardes de Grosserie, Mercerie & Joüaillerie de ladite Ville, Faux-bourgs & banlieuë de Paris, pour l'achat & vente des marchandises, dont ceux de leur Corps faisoient trafic ; même les Sentences du Prevôt de Paris, portant des condamnations contre les contrevenans ausdits Statuts verifiez en la Cour : Auroit de l'avis de sondit Conseil, dit, declaré & ordonné, veut & luy plaît , qu'en executant lesdits Statuts & Reglemens des années 1567. 1670. 1601. & 1613. par ledit Seigneur confirmez aufdits Maîtres & Gardes depuis fon avenement à la Couronne , par fes Lettres patentes du mois d'Août 1645. que dorénavant en cas de contravention aufdits Statuts & Reglemens par aucuns des Habitans de ladite Ville de Paris , Marchands Merciers , & autres , & de faifir des Marchandifes venduës par quelques particuliers , & mêmes Merciers Groffiers & Joüailliers , foit en conféquence d'affociation avec Forains & Etrangers , ou par commiffion ; non feulement les contrevenans foient declarez décheus de ladite Maîtrife , mais encore les marchandifes faifies confifquées , avec condamnation d'amende , ainfi qu'il étoit porté par lefdits Statuts & Reglemens , & le droit d'un denier pour livre payé aufdits Maîtres & Gardes du prix de toutes les Marchandifes qui auroient été venduës fous pretexte d'affociation ou commiffion ; & qu'à cette fin lefdits Maîtres & Gardes , ainfi qu'il leur étoit permis par lefdits Statuts & Reglemens , & qu'il leur permet encore , puiffent proceder par voyes de faifie fur les livres de ceux lefquels fe trouveroient en contravention , pour les examiner , connoître ce qu'ils en auroient vendu , & fervir à la liquidation dudit droit de denier pour livre defdites marchandifes venduës en conféquence d'affociation ou commiffion ; ainfi que plus au long eft porté par ladite Declaration à la Cour adreffante. VEU auffi lefdits Statuts , Ordonnances & Reglemens regiftrez en ladite Cour , & Sentences dudit Prevôt de

Paris, attachez fous le contrefcel de la Chancellerie; lefdites Lettres de confirmation dudit Seigneur
Roy du mois d'Aouft 1645. Requête prefentée à ladite Cour par lefdits Maîtres & Gardes du 26. de
Juin dernier, afin d'enterinement defdites Lettres ;
autre Requête prefentée à ladite Cour le 30. dudit
mois de Juin, contenant la declaration defdits Maîtres & Gardes, qu'ils n'entendent fe prevaloir de
ladite Declaration du premier May, contre autres
que ceux de leur Corps qui voudroient contrevenir à leurs Statuts, & de ce qu'ils confentent qu'elle
ne puiffe nuire ny préjudicier aux oppofans à la verification des Lettres de confirmation de leurfdits
Statuts & Privileges par eux obtenuës au mois
d'Août audit an 1645. Conclufions du Procureur
General du Roy; & tout confideré : LA COUR
a ordonné & ordonne, que lefdites Lettres en forme de Declaration feront regiftrées au Greffe d'i-
celle, pour être executées felon leur forme & teneur, aux charges & conditions portées par la Requête defdits Impetrans dudit jour trentiéme Juin
dernier. FAIT en Parlement le quatorziéme Juillet
mil fix cens cinquante-trois. Signé, GUYET.

*Collationné aux Originaux par moy Confeiller,*
*Secretaire du Roy, & de fes Finances.*

# ARREST
## DU CONSEIL D'ETAT
### DU ROY,

*Du treiziéme Octobre 1667.*

QVI ordonne l'execution des Statuts des Marchands Merciers, Grossiers, Joüailliers de cette Ville de Paris.

ET leur enjoint de faire leurs visites durant & hors le temps des Foires chez tous les Marchands privilegiez & non privilegiez, même sur les Marchands suivans la Cour.

---

*Extrait des Registres du Conseil d'Estat.*

E ROY s'étant fait representer en son Conseil Royal de Commerce les Lettres Patentes des Roys ses Predecesseurs Charles VI. Henry II. Charles IX. Henry le Grand & Louys XIII. des années 1407. 1412. 1548. 1558. 1567. 1570. 1601. &

1613. verifiez où befoin a été , fervans de Reglemens & Statuts aux Marchands Merciers , Groffiers, Joüailliers & Quinquailliers de la Ville & Faux-bourgs de Paris, confirmez par les Lettres Patentes de fa Majefté du mois d'Août 1645. aufsi deuëment verifiées , par lefquelles pour augmenter le commerce comme un des meilleurs moyens d'accroître & donner l'abondance en la Ville de Paris Capitale du Royaume , en laquelle à caufe de la frequente refidence de fa Majefté & de la grande affluence des Princes, Seigneurs , Ambaffadeurs & autres perfonnes de toutes qualitez, il fe fait grand debit & confommation de toutes fortes de marchandifes, pour la vente defquelles & pour éviter les fraudes & abus qui pourroient arriver dans le negoce des marchandifes defectueufes, injonction auroit été faite par lefdits Statuts aux Maîtres & Gardes defdits Marchands , de vifiter fouvent en ladite Ville & Faux-bourgs , Bailliage du Palais, Prevôté & Vicomté de Paris, & autres lieux où fe tiennent les Foires, pendant & hors le temps d'icelles, les aulnes , poids & mefures, enfemble les marchandifes fur tous les Marchands indifferemment , tant dudit Corps de la Mercerie, Grofferie & Joüaillerie, Forains & Etrangers, qu'autres, privilegiez & non privilegiez , même fur ceux qui fuivent la Cour de fa Majefté , afin d'empêcher qu'il ne foit acheté ou vendu à faux poids ou mefures , marchandifes qui ne foient loyales & des largeurs & longueurs qu'elles doivent être suivant les anciens Reglemens, & que perſonne n'y ſoit trompé, & autres diſpoſitions portées par leſdites Lettres patentes : Leſquelles leſdits Maîtres & Gardes auroient depuis quelques années diſcontinué d'executer exactement ; ce qui cauſe un grand deſordre dans les Manufactures contre l'intention de ſa Majeſté, laquelle ayant pris ſoin par ſa bonté Royale de les rétablir en France pour l'augmentation du Commerce, & pour la ſubſiſtance d'un grand nombre de ſes Sujets, Elle auroit auſſi fait dreſſer des Statuts & Reglemens pour les Manufactures particulieres qui ſe font dans les Villes de Bourges, Romorantin, Iſſoudun, Châteauxroux, Laſelle, Saint Genouſt, Vierzon, Aubigny, Chartres, Verneüil, Dreux, Falaize, ſaint Lo, Vire, Elbœuf, Illiers, Châlons, Beauvais, Amiens, Aumalle, Granvilliers, Crevecœur, Blicourt, Paris, Lyon, Tours, Sedan & Carcaſſonne, leſquels ont été homologuez par Arreſt de ſon Conſeil Royal de Commerce, & declarez communs pour tous les autres lieux où il ſe fait de ſemblables Manufactures. Et quoy que la publication en aye été faite en tous leſdits lieux, & que depuis ce temps-là les Marchands & Ouvriers ayent eu tout le loiſir de reformer leurs mêtiers & uſtancilles pour s'y conformer, toutefois pluſieurs d'entr'eux continuënt à fabriquer leurs étoffes comme ils faiſoient auparavant leſdits Statuts : A quoy étant neceſſaire de pourvoir ; SA MAJESTE' étant en son Conseil Royal de Commerce, A ordonné & ordonne, que lesdites Lettres Patentes servans de Statuts ausdits Marchands Merciers de Paris, & notamment celles des années 1601. 1613. & 1645. ensemble lesdits nouveaux Reglemens & Statuts homologuez au Conseil de sa Majesté, seront executez selon leur forme & teneur, & conformément à icelles en tant que besoin est, SA MAJESTE' enjoint aux Maîtres & Gardes de ladite marchandise de Mercerie, assistez d'un Commissaire ou Sergent du Châtelet de Paris, de faire incessamment leurs visites, tant en la Ville, Fauxbourgs, Bailliage du Palais, Prevôté, Vicomté & Banlieuë de Paris, qu'és Foires de saint Denys, saint Germain, du Landy, saint Laurens & autres generalement quelconques, durant & hors le temps d'icelles: Et de visiter les aulnes, poids & mesures; ensemble toutes sortes de marchandises de Mercerie, manufacturées ou non manufacturées en France, qui se vendent par les Marchands indifferemment, tant dudit Corps des Marchands Merciers, Grossiers, Joüailliers & Quinquailliers, Forains & Etrangers, qu'autres; privilegiez & non privilegiez; même sur les Marchands suivans la Cour; A l'effet de quoy, ORDONNE sa Majesté à tous Marchands & autres personnes, qui auront retiré dans leurs maisons aucune desdites marchandises sujetes à Visite, d'ouvrir, tant de jour que de nuit, & lors qu'ils en seront requis par lesdits Maîtres & Gardes, tous magazins,

chambres,

chambres, boutiques, coffres, comptoirs, armoires
& autres lieux, pour être lesdites marchandises visitées; & au cas qu'elles soient reconnuës defectueuses, saisies sur le champ en vertu du present Arrest,
sans pour ce demander aucune permission, même
de les faire transporter en leur Bureau à Paris, ou
bailler en garde à personnes capables & suffisantes
pour en répondre, dont seront dressez Procez verbaux, & fait rapport d'iceux au Prevôt de Paris ou
son Lieutenant de Police, pour être par luy fait droit
sur lesdites saisies & la confiscation des marchandises prononcée avec condamnation d'amande, s'il
y échet; FAISANT à cette fin sa Majesté tres-expresses
& iteratives inhibitions & défenses à tous autres
Juges, Baillifs du Palais à Paris, de saint Martin, de
S. Denys en France, Prevôt de l'Hôtel & tous autres Officiers hauts-Justiciers, de prendre connoissance directement ny indirectement de l'execution
desdits Statuts, du present Arrêt & des saisies, enle-
vement & visites faites en consequence, à peine
d'interdiction de leurs Charges, trois mil livres
d'amende, payable sans déport en cas de contravention, en vertu du present Arrêt, & sans qu'il en soit
besoin d'autre, lequel sera executé nonobstant oppositions, appellations & empêchemens quelconques, dont si aucuns interviennent, sa Majesté s'en
est reservé à soy & à son Conseil de Commerce la
connoissance, & icelle interdite à tous autres Juges:
Et afin que personne n'en ignore, ORDONNE sa

N

Majefté, qu'il fera affiché, leu & publié par tout où befoin fera, & foy ajoûtée aux copies collationnées d'iceluy par l'un de fes Secretaires comme à l'Original. FAIT au Confeil d'Etat du Roy, fa Majefté y étant, Tenu à faint Germain en Laye, le treiziéme jour d'Octobre mil fix cens foixantefept. Signé, DE GUENEGAUD.

LOUIS par la grace de Dieu Roy de France & de Navarre : Au premier des Huiffiers de nos Confeils, ou autre nôtre Huiffier ou Sergent fur ce requis ; Nous te mandons & commandons par ces prefentes fignées de nôtre main, Que l'Arrêt dont l'Extrait eft cy-attaché fous le contre-fcel de nôtre Chancellerie, ce jourd'huy donné en nôtre Confeil Royal de Commerce, Nous y étant : Tu fignifies à tous qu'il appartiendra, à ce qu'ils n'en pretendent caufe d'ignorance, & faits au furplus pour l'entiere execution d'iceluy, de nos Lettres patentes fervans de Statuts aux Marchands Merciers de Paris, & notamment celles des années 1601. 1613. & 1645. enfemble les nouveaux Reglemens & Statuts homologuez en nôtredit Confeil, qui feront executez felon leur forme & teneur, Tous Commandemens, Sommations, défences y contenuës fur les peines y portées, contraintes & autres Actes & Exploits neceffaires, fans autre permiffion, nonobftant oppofitions, appellations & empêchemens quelconques, dont fi aucuns interviennent,

Nous nous en reservons & à nôtre Conseil de Commerce la connoissance, & icelle interdisons à tous autres Juges : Et sera ajoûté foy comme aux Originaux aux copies dudit Arrêt ( qui sera affiché, leu & publié par tout où besoin sera ) & des presentes collationnées par l'un de nos amez & feaux Conseillers & Secretaires : Car tel est nôtre plaisir. DONNE' à saint Germain en Laye, le treiziéme jour d'Octobre, l'an de Grâce mil six cens soixante-sept, & de nôtre Regne le vingt-cinquiéme. Signé LOUIS. Et plus bas par le Roy, DE GUENE-GAUD. Et scellé.

*LEU & publié à son de trompe & cry public és carrefours ordinaires & accoûtumés de la Ville de S. Denys & dans le lieu de la tenuë de la Foire Saint Denys, en la presence de M^e de la Ruë, Huissier és Conseils du Roy, par moy Charles Canto, Crieur Juré en la Prevôté & Vicomté de Paris, accompagné de Jerôme Tronsson, Estienne Chappé, Jurez Trompettes, & autres, le Vendredy quatorziéme jour d'Octobre mil six cens soixante-sept.*

*Signé, CANTO.*

LE quatorziéme jour d'Octobre 1667. par ordre du Roy, fut le present Arrest de son Conseil d'Etat, montré, signifié & d'iceluy baillé copie aux fins y contenuës, aux Maîtres & Gardes de la Mercerie de cette Ville de Paris, en parlant à leurs perfonnes trouvées affemblées en leur Bureau à Paris, ruë Quinquempoix, à ce qu'ils n'en pretendent caufe d'ignorance : Et à eux enjoint de par fa Majeflé de fe tranfporter inceffamment en la Ville de faint Denys, pour proceder par eux à l'execution dudit Arreft ; à l'effet de quoy nous leur declarons que du même ordre de fa Majefté nous allons nous tranf-porter en ladite Ville de faint Denys avec Maître Charles Canto, Crieur Juré en cette Ville, Prevôté & Vicomté de Paris, pour faire lire & publier ledit Arreft, & enfuite le fignifier à qui il appartiendra , & l'afficher par tout où befoin fera ; le tout auffi à ce qu'ils n'en ignorent : Par Nous Huiffier ordi-naire du Roy en fes Confeils, fous figné.

Ainfi figné, DE LA RUE.

ET ledit jour à l'inftant Nous Huiffier fufdit & fous figné, fommes, avec ledit Canto, tranfporté en ladite Ville de faint Denys; où étant, ledit Canto affifté de Jerôme Tronffon & Eftienne Chappé, Jurez Trompettes, apres les trois chamades ordinaires, auroit en nôtre prefence & par le même ordre de fa Majefté leu & publié ledit Arreft à haute & intel-ligible voix, tant au devant de la porte & princi-pale entrée de la grande Eglife de ladite Ville ( qui eft le principal carrefour d'icelle ) qu'au devant de toutes les portes de la Foire de ladite Ville : ce fait, du même ordre que deffus, avons ledit Arrêt figni-fié, & d'iceluy baillé copies aux fins y contenuës

au sieur Bailly de saint Denys, en parlant à la Da-
moiselle sa femme, en son domicile audit lieu, à ce
qu'il n'en ignore : Ce fait, autant dudit Arrest a été
par nous mis & apposé à toutes les portes & entrées
de ladite Foire saint Denis ; le tout à ce que nul n'en
pretende cause d'ignorance, & que tous ayent à y
obéïr : Par Nous Huissier ordinaire en ses Conseils,
sous-signé. Ainsi signé, DE LA RUE.

*Collationné aux Originaux par moy Conseiller,*
*Secretaire du Roy, Maison, Couronne*
*de France & de ses Finances.*

# ARREST
## DU CONSEIL D'ETAT
## DU ROY,

*Du vingt-&-unième Juillet 1674.*

QVI ordonne que les Etoffes qui arriveront à la Halle aux draps & aux Foires, feront marquées par les Maîtres & Gardes de la Draperie & Mercerie conjointement.

---

*Extrait des Regiftres du Confeil d'Eftat.*

LE ROY ayant été informé des frequentes conteftations qui font furvenuës entre les Corps des Marchands Drapiers & celuy des Marchands Merciers de Paris, à caufe de la vifite & de la marque des marchandifes qui font portées en execution des Reglemens, en la Halle appellée la Halle aux Draps, & ce fous pretexte que ladite Vifite eft faite par les Gardes du Corps des Marchands

Drapiers feuls , bien qu'une grande partie des marchandifes qui font portées à la Halle, foient pour
le commerce & compte des Marchands du Corps
des Marchands Merciers : Lefquels Marchands
Merciers ayans pretendu qu'il y avoit quelque affectation en la Vifite des marchandifes qui venoient
pour leur compte , qu'elle ne pouvoit être regu-
lierement faite que par les Gardes de leur Corps ,
& que ceux du Corps des Drapiers affectans d'en
retarder la Vifite , & la faifant même avec plus de
rigueur contr'eux, qu'ils n'en pratiquoient à l'égard
des Marchands Drapiers , ils ruinoient entierement
leur commerce : Et bien qu'il y aye lieu de croire
que lefdites Vifites ont été jufques icy reguliere-
ment faites par lefdits Gardes des Marchands Drapiers , neanmoins étant important de faire ceffer
toutes les conteftations qui pouvoient être faites fur
ce fujet fous de femblables pretextes, même de pourvoir audit foulagement des Marchands de l'un &
de l'autre defdits Corps des Marchands , à l'égard
des frais de la marque & Vifite des étoffes & marchandifes : Oüy le Rapport du fieur Colbert, Confeiller ordinaire au Confeil Royal & Contrôleur general des Finances. SA MAJESTE' en fon Confeil,
A ordonné & ordonne , qu'à l'avenir tous les Draps,
Serges & autres Etoffes de laine , & mêlés de laine &
de fil , tant de Draperie que Mercerie , qui arriveront à Paris, feront portez à la Halle aux Draps à
l'ordinaire, pour y être veus, vifitez & marquez gra-

tuitement & fans frais par les Gardes de la Draperie & de la Mercerie conjointement : Et pour cét effet, les Gardes de l'un & de l'autre Corps feront tenus de s'affembler en tel nombre qu'ils jugeront à propos, trois fois la femaine, & même plus fouvent, s'il eft befoin. Sera auffi fait une marque nouvelle & commune, laquelle fera enfermée fous deux clefs, dont l'une demeurera entre les mains des Gardes de la Draperie, & l'autre en celles des Gardes de la Mercerie. Et où les marchandifes fe trouveroient defectueufes & non conformes aux Reglemens, la pourfuite s'en fera à la Requête des Gardes de l'un & l'autre Corps : Voulant Sa Majefté que les Vifites des Foires de faint Germain, du Landy & de faint Denys fe faffent auffi conjointement par lefdits Gardes de la Draperie & Mercerie, & qu'au furplus les Reglemens foient executez felon leur forme & teneur. FAIT au Confeil d'Etat du Roy, tenu à Verfailles, le vingt-uniéme jour de Juillet mil fix cent foixante-quatorze. Collationné.

Signé, RANCHIN.

LOUIS par la grace de Dieu, Roy de France & de Navarre : Au premier Huiffier de nos Confeils, ou autre nôtre Huifsier ou Sergent fur ce requis. Nous te mandons & commandons, que l'Arreft dont l'Extrait eft cy-attaché fous le contrefcel de nôtre Chancellerie, ce jourd'huy donné en nôtre Confeil d'Etat, tu fignifies aux Gardes des

Marchands

Marchands Drapiers & Merciers de nôtre Ville de
Paris, & à tous autres qu'il appartiendra, à ce qu'ils
n'en ignorent ; & fais pour l'entiere execution d'i-
celuy, tous Commandemens, Sommations & autres Actes & Exploits necessaires , sans autre permission; Et sera ajoûté foy comme aux Originaux
aux copies dudit Arrest & des presentes collationnées par l'un de nos amez & feaux Conseillers Secretaires: CAR tel est nôtre plaisir. DONNE' à
Versailles le vingt-uniéme jour de Juillet , l'an de
grace mil six cens soixante-quatorze , & de nôtre
regne le trente-deuxiéme, Signé, Par le Roy en son
Conseil, RANCHIN.

LE onziéme jour d'Août mil six cens soixante-
quatorze, le present Arrest a été de la part du
Roy par Nous Huissier ordinaire des Conseils de sa
Majesté, sous-signé, montré & d'iceluy baillé & laissé
copie aux fins y contenuës , aux sieurs Maîtres &
Gardes du Corps des Marchands Drapiers & aux
Maîtres & Gardes des Marchands Merciers de cette
Ville de Paris, en parlant , sçavoir pour les sieurs
Maîtres & Gardes des Marchands Drapiers en leur
Bureau, ruë des Déchargeurs , au nommé Riviere
leur Commis ; & pour lesdits sieurs Maîtres &
Gardes des Marchands Merciers , en leur Bureau
sis ruë Quinquempoix , au nommé Gense leur Con-

cierge dudit Bureau, tous à ce qu'ils n'en ignorent, & ayent à y satisfaire & obéïr aux fins dudit Arrest. Signé, *DV VAVLX:*

Collationné aux Originaux par moy Conseiller, Secretaire du Roy, Maison, Couronne de France & de ses Finances.

# ARREST
## DU CONSEIL PRIVE'
## DU ROY,

*Du cinquiéme Octobre 1691.*

Qui ordonne qu'à l'avenir aucunes contraintes ne pouront être exercées contre les
Maîtres & Gardes du Corps des Marchands
Merciers de cette Ville de Paris, pour raison de leurs Visites.

---

*Extrait des Regiſtres du Conſeil Privé.*

UR la Requeſte preſentée au Roy en
ſon Conſeil par les Maîtres & Gardes
du Corps des Marchands Merciers,
Groſſiers, Joüailliers, Quinquailliers
de la Ville de Paris, contenant, que le
25. Septembre dernier ayant fait ſaiſir pluſieurs
Marchandiſes de Mercerie ſur Pierre Jannart, qui

O ij

n'eſt pas Marchand Mercier , & qui ne laiſſoit pas
d'en debiter dans une Boutique au Faux-bourg S.
Marcel , en contravention aux Statuts des Supplians, dont la connoiſſance appartient en premiere inſtance au ſieur de la Reynie , étant un fait de
Police. Ils luy firent donner aſſignation le même
jour pardevant ledit ſieur de la Reynie , pour en
voir ordonner la confiſcation , avec amande & dépens : Pour éluder laquelle pourſuite , ledit Jannart
a fait rendre un Arreſt au grand Conſeil le 28. dudit mois de Septembre , ſur une ſimple Requeſte
de Frere Euſtache Bernard Daverne , Chevalier de
l'Ordre de Saint Jean de Jeruſalem , Adminiſtrateur
de la Commanderie de Saint Jean de Latran , prenant ſon fait & cauſe ; Par lequel , ſans avoir égard à
l'aſſignation donnée pardevant le ſieur Lieutenant
General de Police , il a eſté ordonné , que ſur la de-
mande des Supplians , les parties procederont au
Grand Conſeil , cependant main-levée par proviſion à la caution de Jannart des choſes ſur luy ſaiſies , à la reſtitution les Maîtres & Gardes des Merciers , & les depoſitaires contraints par corps ; ce
faiſant déchargez : En vertu duquel Arreſt il a fait
donner aſſignation aux Supplians le premier du preſent mois d'Octobre à comparoir au Grand Conſeil , ce qui formoit un conflit entre ledit ſieur Lieutenant General de Police & le Grand Conſeil , pour
raiſon de quoy les parties ne pouvoient ſe pourvoir
qu'au Conſeil de ſa Majeſté : mais ſans attendre ce

préalable, ledit Jannart a envoyé le 2. du prefent mois d'Octobre un Huiffier du Grand Confeil avec plus de quinze Archers, dans la Maifon de Jean-François Sautreau, l'un defdits Gardes, & l'un des Confeillers de Ville, qu'ils ont fcandaleufement enlevé de fa Boutique, & traîné par les ruës à pied & fans chapeau, jufqu'aux prifons du Fort-Levêque, où il a efté écroüé; en quoy il a receu l'infulte la plus cruelle qui puiffe eftre faite à un Marchand, dont la reputation eft de la derniere delicateffe; en forte que cette violence feroit capable de luy faire perdre fon honneur & fon credit, fi Sa Majefté n'avoit la bonté d'interpofer fon autorité, comme elle a bien voulu faire en pareilles occafions; car il eft certain que la Police generale de la Ville de Paris appartient aux Officiers du Châtelet privativement à tous autres, aux termes des anciens Reglemens & des Arrefts du Confeil intervenus dans toutes les occafions, notamment de celuy du 5. Novembre 1666. qu'ainfi la connoiffance de toutes les faifies qui font faites par contravention aux Statuts des Supplians, appartient audit fieur Lieutenant General de Police, comme il a efté jugé par une infinité d'Arrefts du Confeil rendus contre les Privilegiez, qui ont voulu fe fouftraire de la Jurifdiction dudit fieur Lieutenant General de Police; & lors qu'il eft arrivé que les prétendus Privilegiez ont furpris precipitamment des condamnations contre les Maîtres & Gardes des Merciers, par des

O iij

Sentences de la Prevôté de l'Hôtel, ou des Arrests du Grand Conseil, & qu'en vertu de ces Sentences & Arrests ils ont fait des violences, Sa Majesté a toûjours interposé son autorité pour les reprimer. Les Supplians n'ont qu'à rapporter l'Arrest solemnel du Conseil du 3. Fevrier 1674. rendu sur leur Requeste & sur celle du sieur Gervais, lors Grand Maître & Garde de la Mercerie, qui avoit esté emprisonné à la requeste du nommé Angilbert & sa femme, pour une pareille restitution de Marchandises saisies en contravention ; par lequel Arrest, sans avoir égard aux Sentences de la Prevôté de l'Hôtel & Arrest du Grand Conseil, que sa Majesté a cassé & annullé, elle a declaré l'emprisonnement fait de la personne dudit Gervais Grand Garde, injurieux, tortionnaire & déraisonnable : Ordonné que son écrou seroit rayé & biffé, & pour estre fait droit, tant sur la reparation, violences, dommages & interests, que sur le principal, Sa Majesté a renvoyé les parties pardevant le Lieutenant General de Police en premiere instance, avec deffences ausdits Angilbert & sa femme & tous autres, de faire aucunes procedures pardevant d'autres Juges sur le fait des Reglemens concernant la Police, Statuts & Reglemens des six Corps des Marchands, à peine de trois mil livres d'amande en cas de contravention : de sorte que les Supplians se trouvans dans le même cas, & l'un des Gardes de la Mercerie ayant receu une pareille insulte, ils esperent que dans cette occafion Sa Majefté donnera une marque éclatante de fa juftice, pour reprimer l'infolence dudit Jannart, & rétablir l'injure qui a efté faite audit Sautreau, d'autant plus que l'affectation de luy faire infulte eft toute vifible, puis qu'il n'a point efté prefent à la faifie ; qu'il n'eft pas dépofitaire des Marchandifes qui ont efté fequeftrées ; & qu'enfin l'Arreft du Grand Confeil, en vertu duquel il a efté emprifonné, ne luy a efté fignifié, ny à fa perfonne, ny à fon domicile ; à quoy les Supplians font obligez d'ajoûter, qu'ils feroient bien malheureux, s'ils étoient expofez aux infultes de tous ceux fur qui ils font obligez par le devoir de leurs Charges de faire des faifies. A CES CAUSES, requeroient les Supplians qu'il plût à fa Majefté ordonner, que le fieur Daverne & ledit Jannart feront affignez au Confeil, pour fe voir regler de Juges d'entre le Châtelet de Paris & le Grand Confeil, & ordonner fi faire fe doit, que fans s'arrêter à l'Arreft fur Requefte du Grand Confeil du 28. Septembre dernier, qui fera caffé & annullé, & tout ce qui s'en eft enfuivy, les parties feront renvoyées pardevant le fieur Lieutenant General de Police du Châtelet, avec dépens, dommages & interêts ; cependant furcis à toutes pourfuites, jufqu'à ce qu'autrement par Sa Majefté en ait efté ordonné, à peine de nullité & de caffation ; à condition de faire fignifier l'Arreft qui interviendra, & donner affignation par un même exploit, autrement les défenfes levées, &

dés à préfent declarer l'emprifonnement fait de la perfonne dudit Sautreau le 2. du préfent mois à la requefte defdits Daverne & Jannart, injurieux, tortionnaire, & déraifonnable, ordonner que fon écrou fera rayé & biffé ; qu'il fera mis hors des prifons, dans lefquelles il eft détenu, à ce faire le Geolier contraint par corps, quoy faifant déchargé ; condamner lefdits Daverne & Jannart folidairement en dix mil livres de dommages & interêts, & aux dépens, avec défenfes à toutes perfonnes d'ufer de telles voyes, ny d'exercer aucunes contraintes contre lefdits Maîtres & Gardes, fauf à les faire exccuter contre le Concierge de leur Bureau dépofitaire des marchandifes faifies. VEU ladite Requefte, fignée Guyenet, Avocat audit Confeil, la faifie faite fur Jannart à la requefte des Supplians le 25. Septembre dernier, avec affignation pardevant le fieur Lieutenant General de Police du Châtelet, l'Arreft du Grand Confeil intervenu fur la requefte du fieur Daverne, prenant le fait & caufe de Jannart le 25. dudit mois, la foûmiffion faite le même jour par ledit Jannart, l'affignation donnée aux Supplians le premier Octobre à comparoir au Grand Confeil avec l'écrou d'emprifonnement dudit Sautreau du 2. du préfent mois à la requefte dudit fieur Daverne, prenant le fait & caufe de Jannart. OUY le rapport du fieur de Maupeou d'Ableige, Confeiller du Roy en fes Confeils, Maître des Requeftes ordinaire de fon Hôtel, Commiffaire à ce deputé, &

tout

tout confideré, LE ROY EN SON CONSEIL a ordonné & ordonne, qu'aux fins de ladite Requeſte, leſdits Daverne, Jannart & Auvray, Huiſſier du Grand Conſeil feront aſſignez au Conſeil, pour eſtre reglez de Juges d'entre ledit Grand Conſeil & le Châtelet de Paris: FAIT Sa Majeſté défenſes aux parties de faire pourſuites ailleurs qu'au Conſeil, à peine de nullité, caſſation de procedures, dépens, dommages & interêts, & de trois mil livres d'amende, à condition de ſignifier le preſent Arreſt, & de donner les aſſignations par un ſeul & même exploit, autrement les défenſes levées, cependant ORDONNE Sa Majeſté, que par proviſion ledit Sautreau ſera élargy des priſons du Fort-Levêque, ſon écrou rayé & biffé, pourvû qu'il ne tienne pour autre cauſe, à ce faire le Geolier contraint par corps, quoy faiſant déchargé: ORDONNE en outre Sa Majeſté, qu'à l'avenir aucunes contraintes par corps ne pourront eſtre exercées contre leſdits Maîtres & Gardes pour raiſon de leurs viſites, ſauf à les faire executer contre le Concierge de leur Bureau, dépoſitaire des marchandiſes ſaiſies, juſques à ce qu'autrement par le Conſeil en ait eſté ordonné: VEUT & entend Sa Majeſté, qu'il ſoit informé des excez & violences commiſes en la perſonne dudit Sautreau par l'Huiſſier Auvray & ſes Archers lors dudit empriſonnement, à la requeſte du Procureur General des Requeſtes de l'Hôtel, pourſuite & diligence deſdits Maîtres & Gardes,

P

par le sieur Bignon Maître des Requestes, qu'elle a commis à cet effet, pour le tout vû & rapporté au Conseil estre fait droit ainsi qu'il appartiendra. Fait au Conseil Privé du Roy, tenu à Fontainebleau le 5. Octobre 1691. Collationné, avec paraphe.

Signé, DUMAS.

LE sixiéme Octobre mil six cent quatre-vingt-onze, à la requeste desdits Maîtres & Gardes des Marchands Merciers, Grossiers, Joüailliers, Quinquailliers de la Ville de Paris, le present Arrest a esté par nous Huissier ordinaire du Roy en ses Conseils, soussigné, montré, signifié, & d'iceluy laissé copie aux fins y contenuës, & des deffences y portées audit Pierre Iannart y nommé, en son domicile ruë de Lourcine, Faux-bourg S. Marcel, parlant à sa femme, & audit Frere Bernard-Eustache Daverne, Chevalier de l'Ordre de S. Iean de Ierusalem, Administrateur de la Commanderie de S. Iean de Latran, prenant le fait & cause dudit Iannart aussi y nommé, au domicile de Me            Ruette, Procureur au Grand Conseil, parlant à son Clerc; ausquels domiciles à Paris dudit Iannart & dudit Ruette pour ledit Daverne, nous nous sommes exprés de Fontainebleau où nous étions à la suite du Conseil, le Conseil y étant, transporté; ausquels Iannart & Daverne, en vertu dudit Arrest, nous avons donné assignation à comparoir à la quinzaine au Conseil Privé du Roy, la part où il sera, pour répondre & proceder sur les fins

& conclusions mentionnées en la Requeste énoncée
audit Arrest, & en outre comme de raison, & declaré que Maître François Guyenet Avocat au
Conseil, occupera pour lesdits Maîtres & Gardes des
Marchands Merciers sur la presente assignation, à
ce qu'ils n'en ignorent, dont acte.

Signé, BOIVIN.

LE huitiéme Octobre mil six cent quatre-vingts-
onze, à la requeste desdits Maîtres & Gardes
des Marchands Merciers de la Ville de Paris, le
present Arrest a esté par nous Huissier ordinaire du
Roy en ses Conseils, soussigné, montré, signifié, &
d'iceluy laissé copie aux fins y contenuës, & des défences y portées à            Auvray, Huissier au Grand
Conseil, en son domicile ruë des Anglois, parlant
à sa fille; auquel, en vertu dudit Arrest avons donné
assignation à comparoir à la quinzaine au Conseil
Privé du Roy, la part où il sera, pour répondre &
proceder sur les fins & conclusions mentionnées en la
Requeste énoncée audit Arrest, & en outre comme
de raison, & declaré que Maître François Guyenet,
Avocat au Conseil occupera pour lesdits Maîtres &
Gardes sur la presente assignation, à ce qu'il n'en
ignore, dont acte. Signé, BOIVIN.